中国-东盟艺术学院重大学科科研成果资助
四川省哲学社会科学研究"十二五"规划青年项目
（结项号：2017336　等级：优秀）

新建本科院校应用技术转型的"现代学徒制"路径研究

刘　彤　陆　薇　许志强　著
曹　典　王　煜

西南交通大学出版社
·成都·

图书在版编目（CIP）数据

新建本科院校应用技术转型的"现代学徒制"路径研究 / 刘彤等著. —成都：西南交通大学出版社，2019.5

ISBN 978-7-5643-6829-6

Ⅰ.①新… Ⅱ.①刘… Ⅲ.①高等学校 – 学徒 – 教育制度 – 研究 – 中国 Ⅳ.①G649.21

中国版本图书馆 CIP 数据核字（2019）第 075454 号

新建本科院校应用技术转型的"现代学徒制"路径研究

刘彤　陆薇　许志强　曹典　王煜　著

责 任 编 辑	杨　勇
封 面 设 计	原谋书装
出 版 发 行	西南交通大学出版社 （四川省成都市金牛区二环路北一段 111 号 西南交通大学创新大厦 21 楼）
发行部电话	028-87600564　028-87600533
邮 政 编 码	610031
网　　　址	http://www.xnjdcbs.com
印　　　刷	四川森林印务有限责任公司
成 品 尺 寸	165 mm×230 mm
印　　　张	11.75
字　　　数	186 千
版　　　次	2019 年 5 月第 1 版
印　　　次	2019 年 5 月第 1 次
书　　　号	ISBN 978-7-5643-6829-6
定　　　价	78.00 元

图书如有印装质量问题　本社负责退换
版权所有　盗版必究　举报电话：028-87600562

前　言

　　21世纪以来，科技进步日新月异，全球市场对人才的需求量日益增大，对技术型人才和复合型人才的需求更是呈持续上升的趋势。世界范围内的"人才争夺之战"正日趋激烈。对人才质量要求的提升，也成为这场"没有硝烟的战争"中包含的十分重要的内容。现今社会，"人才"早已成为世界各国和地区上到领导人、执政者，下至黎民百姓关注和热议的话题，对人才培养模式的研究和探讨也不再是少数人研究的议题。如何让学校教育尤其是包含职业教育和本科教育等在内的高等教育真正与社会和市场接轨、与社会和市场要求相契合，让就业难不再成为学生走出校门、踏入社会之后的困扰课题，让用人单位不再为难以寻找到适合的人才而烦恼，成为一个亟待持续探讨与研析的课题。

　　作为全球领域内职业教育普遍应用的一种极为新颖的模式——学徒制，毫无疑问是社会历史发展的结晶。最早的学徒制滥觞于中世纪的英国，后在德国等西方发达国家得到传承革新，迄今为止，已有约1 000年的历史。随着人们认识程度加深，学徒制应用范围早已不再局限于职业教育，传承的区域更是扩展到了全球各个角落。学徒制经过历史的沉淀，在各个国家也显现出不同的特色与风采，逐渐发展成为更加先进和顺应时势的"现代学徒制"。学徒制在我国历经单一雏形向而今的"现代学徒制"的成长历程，顺应了时代潮流和趋势的发展。

　　当前，我国高等教育进入一个关键时期，改革发展也同步进入深水区，深入改革、革故鼎新成为势在必行的趋势。一方面，我国正积极推进新建本科院校向应用技术转型，对技术应用型人才提出更高的标准。另一方面，职业教育中的现代学徒制模式也逐渐进入地方新建本科院校的教育教学实践中，现代学徒制的推行适应了新建本科院校"产教深度融合、校企紧密合作"的趋势，必将成为推动高校转型的一种路径选择。

本成果分为7个章节。

第一章为序论。本章主要是对本成果进行总体概括及介绍，从而厘清脉络，内容包括对国内外现代学徒制的研究近况的梳理，对学徒制趋势发展进行总结分析，对本成果的创新点进行系统阐释，以此阐明研究的必要性。

第二章为现代学徒制的概念与影响。本章分为4个小节：第一节主要对现代学徒制最基本的概念进行阐释，清晰说明传统学徒制与现代学徒制的区别；第二节对现代学徒制的特征进行梳理，采用比较研究的方法，对比了中西方现代学徒制的不同特质；第三节介绍学徒制的功能，以及能够产生的教育学意义；第四节则对学徒制适应时代发展需要进行的必要改良进行全方位梳理和总结，最终让读者在宏观概念中对现代学徒制有一个整体的了解和认知。

第三章为学徒制的历史渊源与衍变。本章主要是对现代学徒制的历史衍变情况进行梳理概括：第一节以西方学徒制的渊源为此章开端，从四个部分进行历史探究；第二节厘清对中国古代艺徒制的演变脉络，分为雏形期、萌芽发展期和成熟衰落期三个时期；第三节则对现代学徒制产生的历史背景进行回顾，实现从历史角度出发深入思考现代学徒制当下意义的目的。

第四章为现代学徒制的价值体现与发展困境。本章主要是从我国现代学徒制存在的价值体系与发展困境进行探讨和分析，分为2个小节内容：第一节着眼于现代学徒制之人才培养模式的价值，从"默会知识"的理论价值以及现代学徒制的实践意义进行分析；第二节则着重于学徒制（尤其是我国现代学徒制）所面临的困境以及应有的反思进行探讨，从而凸显研究的实用价值和地域特色。

第五章为现代学徒制的特色案例及启示。本章主要从世界范围内现代学徒制发展的典型范例出发，寻求和探讨我国现代学徒制困境解决之法。本章分为3个小节：第一节以德国的"双元制"为范本，进行探讨，以期为中国现代学徒制模式的构建与创新提供借鉴；第二节将英国职业教育现代学徒制的应用作为研究对象，以期为国内现代学徒制教育体制、机制的构建提供参考；第三节则以美国和瑞士两个国家为研究对象，研究两者的特点特色，探寻为中国现代学徒制提供可借鉴之处。

第六章为新建本科院校学徒制的构建与教学应用。本章主要从我国新建本科院校教学应用和构建模式出发，对现代学徒制的教育教学实践进行探究。本章分为 2 个小节：第一节为现代学徒制多元化模式构建，从校企合作、制度建设、职业学历"双证"并行 3 个层次进行分析；第二节为现代学徒制教学应用模式的新变革，从教育教学体制和新型学徒制、课程体系的优化以及教师管理培训、"师傅"的考核任用 4 个方面进行探究。作者通过这一章寻求我国现代学徒制在实际应用中的可资借鉴路径。

第七章为新建本科院校学徒制的未来之路。在总结前面几个章节内容的基础上，本章对中国新建本科院校学徒制的教育教学实践现状进行简短概括，同时，对我国新建本科院校应该遵循怎样的未来发展之路进行探讨。本章主要分为 4 个小节：第一节，营造良好的现代学徒制外部发展环境，从法规体系、学历整合以及校企合作 3 个小层次的内容具体探讨；第二节，构建日臻完善的内部发展元素，从内部考核标准、新型学徒制、人才培养模式几个层次具体分析；第三节，塑造现代学徒制的新"工匠精神"，主要从"工匠精神"新内涵，"供给侧"改革和"工匠精神"结合几个层次内容进行具体解析；第四节，现代学徒制在新建本科院校应用的反思与启示，主要对现代学徒制的再次理解和认识、反思与启示以及未来发展的前景展望，试图寻找我国新建本科院校现代学徒制的未来发展路径。

作　者

2019 年 2 月

目 录

第一章 序 论 ·· 1
 第一节 新建本科院校现代学徒制研究的背景 ······························· 1
 第二节 新建本科院校现代学徒制研究的意义 ······························· 7
 第三节 新建本科院校现代学徒制研究的创新点 ·························· 13
第二章 现代学徒制的概念与影响 ·· 16
 第一节 现代学徒制的内涵 ·· 16
 第二节 现代学徒制的特征 ·· 22
 第三节 现代学徒制的功能 ·· 27
 第四节 现代学徒制改革的全方位影响 ·· 35
第三章 学徒制的历史渊源与衍变 ·· 46
 第一节 西方学徒制的发展历史 ··· 46
 第二节 中国古代艺徒制的演变 ··· 61
 第三节 现代学徒制产生的背景 ··· 69
第四章 现代学徒制的价值体现与发展困境 ··································· 75
 第一节 现代学徒制人才培养模式的价值 ···································· 75
 第二节 学徒制现状的困境与反思 ··· 83
第五章 现代学徒制特色案例及启示 ··· 94
 第一节 德国学徒制的转型历程 ··· 95
 第二节 英国学徒制应用案例及启示 ··· 103
 第三节 其他发达国家特色案例及启示 ····································· 112

第六章　新建本科院校学徒制的构建与教学应用 …………………… 124
　　第一节　现代学徒制多元化构建模式 ……………………………… 124
　　第二节　现代学徒制教学应用模式的新变革 ……………………… 132
第七章　新建本科院校学徒制的未来之路 ……………………………… 145
　　第一节　营造良好的现代学徒制外部发展环境 …………………… 146
　　第二节　构建日臻完善的现代学徒制内部发展元素 ……………… 156
　　第三节　塑造现代学徒制中的新"工匠精神" …………………… 162
　　第四节　现代学徒制在新建本科院校应用的反思与启示 ………… 169
参考文献 …………………………………………………………………… 174

第一章 序 论

第一节 新建本科院校现代学徒制研究的背景

翻开人类漫长的手工类技艺传承历史，无论是国内还是手工艺高度发达的西方，最有效、最漫长、最普及的技艺传承教育都不是来自标准的"学校教育"和"课堂教育"，而是通过类似于"手手相传"和"现场演习"的形式、状态来完成，这就是"学徒制"的雏形。"学徒制"模式和制度对近代以来西方职业教育、职业培训，甚至是普通高等教育等均产生了重要影响。然而随着社会的发展，特别是产业革命的兴起，大型机器化运用于各类生产、制造活动，使学徒制模式逐渐被遗落、丢弃和淡忘。一段时间以来，学徒制被认为具有封建主义特质，其方式陈腐、效率低下，难以适合工业生产的需要。伴随而来的是学校教育的产业化，一大批职业教育殿堂开始出现在世界各地，在此后长达一个多世纪的历史维度中，标准化的"学校教育"成为职教教育的主体。值得庆幸的是，正当绝大部分人已经忘记了"学徒制"的模式时，德国经过长期实践推出了具有很强借鉴意义的"双元制教育"，引发了产业界、教育界的广泛关注，也再度激发了人们对"学徒制"模式的热情与思考。于是，法国、丹麦、希腊、荷兰、西班牙等国纷纷致力于"学徒制"领域进行实践与反思，并先后从立法、机制等方面形成保障体系，并推出了大量的学徒制项目。学徒制的重新盛行，在世界范围内形成一种持续性很长的话题，学者热衷于对此研究，新闻媒体热衷于在此领域报道，社会普通人开始逐渐接受这种曾经被认为"作古"了的模式。那么，为什么曾经一度被世界各地摒弃了的民间性育人模式，而今又会重新获得青睐？技艺传承从最初的学徒制教育到学校教育，然后再次回归现代学徒制教育，是简单的教育循环，还是教育思维模式的革新与变革？西方现代学徒制模式对我国职业教育和新建本科院校有何启示？只有对以上现实性问题作出深入的思考和准确的回答，才能把握"现代学徒制"教育模式回归的动因与动向，才能将新建本科院校的应用型教育引向深入。

现今，我国正大力发展职业教育，并在诸多领域落实了各类配套改革。2002年9月25日《国务院关于大力推进职业教育改革与发展的决定》和2005年10月28日《国务院关于大力发展职业教育的决定》的发布，明确了职业教育的发展方向和将职业教育上升到国家政策层面；2004年9月14日，《教育部等七部门关于进一步加强职业教育工作的若干意见》发布，首次将职业教育发展路径在部委层面落实和明确，为今后职业教育的健康发展奠定了坚实的基础；2009年2月，《教育部关于加快推进职业教育集团化办学的若干意见》发布，合力发展、整合资源、突出优势的职业教育格局开始逐步形成；2011年8月30日，《教育部关于推进中等和高等职业教育协调发展的指导意见》发布，统筹推进、协调发展成为中国职业教育的基本发展方向；2014年2月26日，国务院总理李克强主持召开国务院常务会议，部署加快发展现代职业教育，牢固确立职业教育在国家人才培养体系中的重要位置；2014年3月，国家普通高等院校1 200所学校中，将有600多所转向应用型教育和职业教育，转型的大学本科院校正好占高校总数的50%；2014年5月，国务院印发《关于加快发展现代职业教育的决定》，全面部署加快发展现代职业教育，提出"到2020年，形成适应发展需求、产教深度融合、中职高职衔接、职业教育与普通教育相互沟通，体现终身教育理念，具有中国特色、世界水平的现代职业教育体系"；2014年6月23日，教育部、国家发展改革委员会等六部门联合发布《现代职业教育体系建设规划（2014—2020年）》，根据规划，到2015年，我国应初步形成现代职业教育体系框架，中等职业教育在校生数将达到2 250万人，专科层次职业教育在校生数达到1 390万人。

在中国职业教育方兴未艾、呈现出勃勃生机的时候，面对西方职业教育"现代学徒制"模式的复兴，许多教育实践者也在通过各种渠道尝试"学徒制"模式的融入。其实，中华5 000年悠久的历史文明中，曾出现过具有中华特色的"学徒模式"，比如技艺学徒、官办学徒和行会学徒等。中华人民共和国成立之初，"学徒制"模式仍是我国培养技术技能型人才的重要途径；20世纪五六十年代出现的技工学校，其人才培养目标、方式和途径与西方的学徒制模式有许多相似之处；在中国的许多技术技能型行业和岗位中,"师傅"和"徒弟"的称谓成为最亲切、最真实和最熟悉的称呼。那么,为什么中国的"学徒制"会在一段时期销声匿迹?中国的"学徒制"基因与西方"学徒制"基因有何不同?中国职业教育体系中将如何融入和找寻"学徒制"的影子?以上这些问题能否尽快获得答案,能否尽快得到解决,对我国职业教育的健康发展将会产生积极的影响。

当前,我国高等教育进入一个关键时期,改革发展也同步进入深水区,深入改革、革故鼎新成为势在必行的趋势。一方面,我国正积极推进新建本科院校向应用技术型转型,对技术应用型人才提出更高标准的要求,现代学徒制的推行适应这种趋势,必将推动高校转型进程。另一方面,职业教育模式进入到本科院校也不再仅仅是一种假设,更日渐成为一种现实。伴随我国高等教育体系的日渐完善,借鉴发达国家经验,实现从职业教育到本科再到研究生学习的融合进程正日益加快,实现职业资格证书和学历证书"双证并行"成为一种趋势。在种种现实因素和时代背景的推动下,我国新建本科院校现代学徒制的推行和研究也成为一种必然。

一、国内学者针对国外"学徒制"的研究现状

近年来,国内学者十分注重对于"现代学徒制"的研究和总结,翻阅各类外文文献,研究方向大致可以分为 3 个维度:第一,针对部分国家"现代学徒制"历史、模式、方法、成效及反思的专门研究,尤其集中于德国的"双元制"、英国的"学徒制"和澳大利亚的"新学徒制";第二,对"学徒制"模式进行有针对性的比较研究;第三,对"学徒制"模式与职业教育的结合处进行研究,突出"学徒制"的教育意义。本研究主要讨论英国的"学徒制"和德国的"双元制"。

首先,针对英国"学徒制"的研究现状。国内学者十分注重对于英国学徒制理念、方法和策略等的研究和总结,发表和出版了大量的文献资料,概括起来大致可以分为以下几个方面:第一,系统梳理并介绍英国学徒制的发展脉络。如李爱燕、王梅的《英国学徒制的发展及其变革》(《职业技术教育》2014 年第 13 期),该文在此类文献中具有一定的典型意义,文章将英国学徒制分为了"萌芽与兴起""衰落与复兴""发展与

更新"等 3 个阶段，全面介绍了英国学徒制的发展状况，为其他学者的相关研究奠定了坚实的基础。第二，系统归纳英国学徒制产生、变化、博兴的历史背景。此类文章植根于英国社会发展的各个重要历史阶段，将经济社会的发展与职业教育的变化相结合进行研究，比较有代表性的文章如陈海忠、陈贵青的《英国现代学徒制的改革》，文章认为长期以来侧重于学术人才的培养，就限制了技术技能型人才的成长和塑造，当一大批缺乏实际工作能力的人进入社会以后，加之职业培训等制度措施未能得以配套，经济社会的发展与专门人才的需求之间就出现了巨大的落差。第三，从教育学理论的视角认识学徒制的内涵和意义。此类文章大多出自学院派的研究课题，在教育学理论框架范围内对学徒制模式进行深度剖析和认识，如王海军在《英国现代学徒制的内容和特点》(《江苏教育》2015 年第 4 期）中，深入总结了英国学徒制模式的教育学意义，并归纳出了具有典型意义的两大特征，对国内职业院校深入了解英国学徒制的内涵具有一定的意义。

其次，针对德国"双元制"的研究现状。在现有的国内外文献资料中，对德国"双元制"的模式给予了高度评价，被认为是现代学徒制的"典范之作"，因此也受到国内学者的深入、持久关注和研究，概括起来大致包含 3 点：第一，深入剖析德国"双元制"产生的原因。此类文献在注重对德国"双元制"现状关注的同时，更加注重挖掘其背后形成的原因，并客观分析其不足和存在的一些问题。第二，深入分析德国"双元制"的教育模式。此类文章注重对德国"双元制"模式内容进行系统关注，进而分析其主要特点及实施模式等，如魏晓峰、张敏珠和顾月琴的《德国"双元制"职业教育模式的特点及启示》(《国家教育行政学院学报》2010 年第 1 期），易森清的《从德国"双元制"职业教育模式看我国高职教育师资的建设与管理》(《教育与职业》2009 年第 2 期），以及寿祖平的《解析德国"双元制"及其对我国职业教育的启示》(《职业技术教育》2005 年第 12 期）等。第三，详细介绍德国"双元制"教育的当下意义及未来发展方向。此类文章注重德国"双元制"模式对国内职业教育影响的研究、借鉴的研究和当下的实际意义研究，同时也注重对此种模式未来发展方向的研判和预测。

最后，根据对不同国家"现代学徒制"应用过程中的特征特色以及影响与结果进行类比研究，并进行分析比较。目前，针对上述内容的研究,普遍集中在以下几个方面和层次,且都与英国有关。一是关于英国"学徒制"与澳大利亚"新学徒制"的对比分析,二则是主要集中在英国和德国"双元制"的比较上。在开展英国"学徒制"与德国"双元制"比较研究和对比研究中,国内学者主要侧重于 3 个方面进行系统阐述:第一,对两国学徒制的系统比较,此类研究注重比较其各自产生的背景,进而关注其不同的内容和手段,最后反思其对职业教育的影响。第二,对两国经济社会与学徒制培养模式的比较,此类研究认为,经济社会的不同造成了两种学徒制模式的产生,必将深度影响其今后的发展。第三,两国学徒制培养目标与质量的比较,此类研究主要是以调研报告的形式出现,通过抽取海量的数据进行比较后得出相应的结论,并提出对策建议,既有对英国"学徒制"充分肯定的结论,也有对德国"双元制"一致认同的文章。

综上所述,国内学者对现代学徒制的研究内容集中于具有典型性范例的国家,并且研究领域仍旧以职业教育为主,对本科以及研究生阶段的研究由于普及度不足,内容相对较少。随着世界范围内现代学徒制研究的深入和人们对其认识的加深,现代学徒制在本科院校甚至在研究生教育中的应用将逐渐成为一种趋势,对其研究也会从以职业教育为主转移到本科院校等高等教育领域。

二、国内学者对我国学徒制的探索及研究

近年来,国内学者开始对我国学徒制的起源、现状和未来发展等做深入研究,以期指导当前的职业教育,概括起来大致分为以下 3 个方面:第一,针对传统手工艺中师傅带徒弟模式进行专门研究。此类文献资料主要从传统学徒制的产生背景、历史渊源、存在意义和显著特征等维度进行梳理。第二,将中国学徒制与国外学徒制教育进行比较研究。此类文献将国内学徒制与国外学徒制的发展进行横向、纵向比较,总结出国内学徒制发展的特点、不足与有望发展的方向。此类研究对国内学者全面系统了解学徒制有一定的意义,对国内教育机构深入思考和实践学徒制模式有一定的借鉴和启示意义,尤其是技工教育、半工半读、校企合作等教育模式与学徒制教育模式的融合,更是打开了一条探索国内现代学徒制职业教育的有效路径。如孙佳鹏、石伟平的论文《现代学徒制:破

解职业教育校企合作难题的良药》(《中国职业技术教育》2014年第9期),该文在系统梳理国外学徒制模式的基础上,对国内学徒制的探索和实践路径等提出了具有建设性意义的理念。第三,对国内职业教育实践学徒制的经验总结。此类文献主要是国内职业院校、新建本科院校管理者或教育专家就所在院校个案进行剖析,有很强的针对性和借鉴意义,该类文献总结了所在专业领域内的学徒制模式教育探索现状、不足和改进展望等。如赵有生、王军、张庆玲、刘金华、逯家富等合著的《高职院校现代学徒制的实践探索——以长春职业技术学院为例》,结合长春职业技术学院的实际情况,对该校学徒制具体探索与应用情况进行探索,该文中既有对该校过往经验的总结,更提出了有一定借鉴意义的内容。

三、新建本科院校现代学徒制研究现状和趋势

就世界范围而言,对现代学徒制的研究领域和范畴较集中。由于长期以来现代学徒制与职业教育保持着密切关系,人们热衷于对职业教育领域的现代学徒制的研究也就不足为奇。职业教育的发展需要现代学徒制的辅助,反过来又促进现代学徒制教育教学领域的进步和发展。

然而,在高等教育体系中,职业教育虽然一直以来发挥自己固有的优势和作用,为社会经济的发展输出技能型人才,但一个不可否认的事实就是,职业教育在高等教育体系中仍旧不能占有稳固的一席之地,这一点在我国的高等教育体系中表现得分外突出:我国的职业教育长久以来处于只有学历而没有学位的尴尬境地,加之民众对职业教育仍然存在误区和偏见,我国的职业教育并没有获得完全发展。上述因素导致现代学徒制在我国的职业教育领域虽得到试点和实践探索,但起步较晚且发展迟缓,存在种种困境和难题需要解决。

现在,随着社会时代的进步变革,人们对技能型高素质人才的需求量呈持续上涨趋势,这也激发了现代学徒制应用领域的延伸和拓展。我国的职业教育自身正受到关注,人们逐渐改变对其认识和看法,与此同时,国家对职业教育的关注和投入正日益加大,职业教育在高等教育体系中的地位向着更加良好的势头方向挺进。而新建本科院校向应用技术型转型的现实,加速了中国内地本科院校加入技能型人才的培养中,不仅重视对学生的理论知识的培养,同时也逐步拓展学生的技能素质。这

在一定程度上促进了新建本科院校现代学徒制的教育教学实践进程，也推动了职业教育融入本科院校的进程。

目前我国新建本科院校向应用型转型仍处于起步阶段，现代学徒制的应用也在摸索中前进，对新建本科院校向应用型转型现代学徒制的应用研究参考资料呈空缺态势。就国内现状而言，很难找到某一篇专门针对我国新建本科院校应用技术转型的现代学徒制研究的文章，更不用提专门著作。现代学徒制在本科院校的应用的研究偶有出现，也是针对国外的现状，如陈俊峰《学徒制影响下的学院制：英国大学新闻教育研究》（华中师范大学出版社，2014年3月），但遗憾的是这本书也没有专门对现代学徒制在大学中的应用进行全面论述，而只是就其对英国学院制的影响在一个章节中作了介绍，篇幅和内容十分有限。与此同时，在知网、万方等国内知名的期刊与学术论文"集散地"，也难有针对现代学徒制在国内新建本科院校应用的专门研究内容，甚至对本科院校现代学徒制的应用内容研究也呈现空缺状态，更多的则集中于现代学徒制自身的发展以及现代学徒制在国内职业教育领域的应用，还有论文针对的是国外现代学徒制的发展等，这一现象理应引起学术界、教育界的关注和讨论。

现代学徒制的应用符合时代和社会的现实需要，在我国新建本科院校的试点运行正如火如荼地展开，随着这一过程的不断向前推进，相关研究资料亟待完善和补充也成为人们理应关注的时代课题。伴随试点和实践过程的深入，必将会有更多的研究者关注和探究专门针对新建本科院校的现代学徒制发展的内容，为人们带去更多可借鉴的资料，从而在理论意义上真正推动新建本科院校现代学徒制的进步历程。

总之，新建本科院校向应用型转型的关键时期，离不开现代学徒制的支持支撑，而对现代学徒制在我国新建本科院校的应用研究正日益成为人们关注的话题。在未来的高等教育发展过程中，对现代学徒制的研究也必将成为一个时代课题，越来越多的学者专家和关注教育的人士加入这个课题的探究与研讨中也定会成为一种新的潮流和趋势。

第二节　新建本科院校现代学徒制研究的意义

在中央财经领导小组十一次会议上，习近平总书记对"供给侧改革"

等关键性概念做出了准确、通俗的界定，这对于人们充分认识当前的经济态势大有裨益，尤其是在供给端如何体现"质量"和"效益"等核心问题成为社会各界广泛关注的方向。一时间，"供给侧改革"这个概念成为传媒界、知识界、企业界等广泛热议的词语，也串联起了"经济"与其他领域之间的关系。在高速发展的现代社会，经济与其他领域存在必然的联系，尤其 "教育领域"更是日益与经济领域产生了密切的关系，这种"关系"成为社会存在的一部分。与此同时，不可否认的是，经济领域发生的"供给侧改革"必然会对教育领域的热点产生重要影响，比如"双一流建设"，又比如"新建本科院校的应用型转型"等等。

事实证明，经济领域的深度改革必然会影响其他领域，包括教育领域的深刻变革。改革开放的持续性深入，带来了经济社会的快速发展，物质生活的不断满足，又唤苏了人们对于精神领域的追求与渴望。于是高等教育领域开始不断壮大发展，从最开始的精英教育进入到大众教育阶段。在这一过程中，高等教育的飞速发展，缓解了就业的同时，也满足了更多人渴望接受教育的愿望，同时也为社会培养了大量的高素质就业人才。但是，随着社会的发展，经济领域发生了深刻变化，越来越暴露出高等教育领域与社会脱节的问题，一方面是社会需要高素质人才的愿望无法满足，另一方面高校培养的学生无法适应社会的需要，大学生就业形势严峻。于是，在大学生就业与企业用工荒双重压力之下，人们开始去反思我们的教育，尤其是在高等教育领域，如何实施高等教育"供给端"的结构性改革，就成为亟待解决的问题。

第一，"学徒制教育"要在"优化组合"中实施高等教育的良性互动与优势互补。近年来，国家出台了一系列针对高等教育的政策措施，总体而言每项措施的出台都不是"孤立存在"，而是形成了一个整体，打出了一套"组合拳"。"统筹推进双一流建设"政策的出台，充分认识了当前高等教育的现状，对不同层次、不同学科、不同背景和不同类别的高校都提出了相应的"一流建设目标"，各地在制订相关细则的时候也充分考虑了地域性特色和经济社会发展状况，对职业院校、新建本科院校等也提出了相应的建设标准和要求。"新建本科高校应用型转变"政策的出台，为国内600多所普通高校指明了方向，特色发展、突出优势、着力应用等关键词成为此类院校发展的主题，在此基础上，掀起了一轮又一轮专业改革、课程改革等行动，将高等教育的改革推向纵深。"加快发展职业教育"政策的出台,将以往职业院校定位模糊、脱离产业、不切实际、盲目升本等问题提上了改革日程,国内职业院校在新一轮的改革过程中重新找到了自身的定位,资源配置更加合理,人才培养目标更加准确。

第二,"学徒制教育"试图解决高等教育中"职教疲软"的问题。很长一段时间以来,无论是社会界还是教育界对职业教育和工匠群体的重视程度较弱,给予技术技能人群的政策倾斜、社会地位等的提高都相对较弱。这一点,在德国和日本却是相反的情况,在德国有60%以上的中学生在毕业后会选择职业教育或者双轨制教育。而在日本,"工匠达人"是许多人穷极一生追求的职业和方向。毫无疑问,社会对技能型人才的需求日益受到高等教育界的关注,尽快搭建通往各种层次教育的"立交桥"已经成为发展的必然。新建本科院校致力于技术技能方向的转型,拉响了"尊技重能"社会氛围的形成,培养具有职业精神和技术技能型人才已经蔚然成风。

第三,"学徒制教育"试图解决高等教育"产能过剩"问题。现代学徒制在我国职业教育实践中取得了切实成效,也让我国新建本科院校敏锐地察觉到现代学徒制的推行推广是一种必然趋势,为解决高等教育中出现的"优化组合""职教疲软""产能过剩"等问题提供了新的思路方法。现代学徒制在我国新建本科院校的试点与推行与我国当前教育领域"供给侧"改革时代背景相符。

然而,一个严峻的事实正摆在我国的高等教育面前:在我国新建本科院校学徒制试点阶段同时,对现代学徒制在新建本科院校的研究处于十分匮乏的状态局面,甚至在现代学徒之发展相对完善的西方国家,仍旧缺乏对这一方面内容的深入研究与探索,在国内更是呈现空白境况。因此,对我国新建本科院校现代学徒制的研究具有鲜明的历史和现实意义,也具有现实的紧迫性和必要性。

一、新建本科院校现代学徒制研究的历史和现实意义

在我国职业教育领域,学徒制模式呈现出它自己的特征和鲜活的生命力:第一,充分发挥了校企合作优势,让工学交替、半工半读等形式得以实现,同时释放了学校与企业两个主体的最大优势,让理论学习与实践操作融为一体;第二,让学生经受了团队精神、企业文化等的熏陶,

全方位锻炼了学生的岗位创造能力、解决实际问题能力和接受新技能的能力；第三，现代学徒制的有效推广，节约了学校建设见习空间的成本，也节约了企业的人力资源成本，优化了企业与学校之间的资源配置，使教育和经济、社会更加紧密地联系起来，充分体现了教育制度的根本变革。在我国高等教育体系中，尤其是新建本科院校向应用型技术转型的过程中，同样需要顺应时代社会发展的教育制度的根本变革，而现代学徒制在新建本科院校的应用试点，正是源于时代和社会的需求。就目前国内现实看，现代学徒制的历史和现实意义主要体现于以下几个方面：

第一，现代学徒制的应用有助于学校和企业间展开更有效的合作，实现"校企合作，产教融合"的应用技术型教学模式。当下，困扰新建本科院校的一个普遍事实是通过怎样的教育教学活动或者模式，培养出的学生才可以称得上是一专多能的技术人才，更加具备就业竞争力，能够满足企业的需要。而现代学徒制的试点运行，恰恰为上述困境指明道路。通过这样一种方式，可以实现企业和学校的双赢：一方面，借助于现代学徒制，企业可以畅通无阻地融入和参与到具体的教育教学环节，从而让学校教育满足企业人才需求需要，同时，学校也能够及时进行调整，更加与企业需求相契合；另一方面，企业还可以共享学校的教育教学资源，尤其是对科研成果的共享，更能够将理论应用于实践，促进企业自身发展进步。同时对这方面内容的理论研究和探索不仅能够丰富我国学徒制领域的研究内容，尤其是弥补新建本科院校现代学徒制应用的空白境况，更重要的是可以推动现实环境下现代学徒制在我国新建本科院校的运行以及本科院校的改革实践过程。

第二，现代学徒制的应用有助于提升学生的综合素质。传统的职业教育和传统的学徒制教育都存在着先天的缺陷，前者注重课堂理论知识和一般规律性知识的传授，而后者注重单一技术技能的培养和传授，对于现代化人才的塑造和培养二者都显现出一定的弊端。现代学徒制模式的实践，充分吸收了二者的优点，有效避免了二者的缺陷，既让学生在学习理论知识中知晓实际运用，又在具体项目的开展中反向认识理论的重要意义，如此一来，那些技能型佼佼者们自然可以独占优势，从而更加具备竞争力。显然，西方发达国家再次给我们提供了有效参考和借鉴。以德国为例，该国实行的是"三元制"（学校、企业、培训中心）现代学徒制模式，学生学习的不仅仅只是理论知识，同时还参与了大量的实习实践活动，对于理论和实习实践的学习都进行了具体的安排。这样使得学生能够将理论知识的学习应用于实践当中并指导实践的进行，并通过实践反过来再不断加深和巩固理论知识，既有学校的基础理论的积累，更有校外的实战经验，可以说最终被培养成为具有高素质技能的复合型人才。新建本科院校的教育教学实践中，现代学徒制的应用对学生综合素质的提升具有积极作用和影响，因此，在这方面的研究尚处于空缺阶段的前提下，强化对该领域内容的研究探索具有现实的意义。

第三，现代学徒制的应用有助于缓解社会的就业压力。当下，我国各个产业的转型升级任务迫在眉睫，处于一个至关重要的节点，这造成了结构性、区域性的失业情况发生。对比起来，让学徒制在现代教育和职业教育实现全面应用，是解决就业压力的优良途径。对于在校生，在课堂中实践、在学习中实习，让实践与教学合为一体，学生能够更加自信地面对严峻的就业形势，让就业难不再成为学生们未毕业就感到头疼的现实问题。对于企业来说，现代学徒制的培养模式，实现了学校和企业合作关系的无缝连接，学校和企业共同培养出的人才更能适应后者的需要，这样的方式还为企业节约了成本，让招工不再难，同时加速完备相关的劳动制度。随着高等院校持续扩招，高校毕业生就业难也已日渐引起更多人的关注。现代学徒制的出现，可以有效缓解整个社会面临的就业窘况，对现代学徒制在新建本科院校应用试点的研究，也能推动现代学徒制更加有效地发挥自身积极作用。

二、新建本科院校现代学徒制研究的紧迫性和必要性

我国的高等教育体系正处于改革阶段，职业教育一改往日被动局面，在国家的大力支持下，呈现出欣欣向荣的发展态势，新建本科院校更是频频响应国家号召，纷纷迈开应用技术型转型的前进步伐。如今高等教育的发展正呈现出新的发展态势，改革与创新成为高等教育领域面临的时代课题，把学徒制作为高校专业教育教学的重要一环，将会成为高教改革的突破口以及教育发展的创新点。然而，针对新建本科院校现代学徒制的相关研究尚在起步期，但在大力的推广和普及下，对其研究必将为新时代高等教育更好地发展服务，因此我国高等教育研究迫切需要补充这方面的资料和内容。

现代学徒制有其自身的优势和特点，其中最显著的一个就体现在学生本身，即他们具有特殊的多重身份：一方面，他们作为学习者身份存在，是学生也是学徒，他们可以在两者之间自由地进行身份的转换；另一方面，作为企业的准员工甚至是未来的正式员工，他们也开始不断融入企业文化环境、参与到企业发展建设中。在校生既可在正常学习中获取相关的专业证书；当然，在这期间，他们也获得了未来岗位所需要的知识技能以及具有国家资格职业证书：这样一来，双证融通就变为现实。在现代学徒制课程设置的专业课程领域，强调让学生进一步在企业实操训练里"沉浸式"学习，取得其必需的技术、知识。在确保稳定发展其专业的基础上，同时树立职业"获得感"，学生对工作的满意程度提升更有助于企业留住长期员工，并建立起学生未来持续走职业道路的发展途径，让开展学徒制培训的企业实现投入与效益的收支平衡。现代学徒制在我国的发展时间短暂，要想真正做到像发达国家一样成熟，还需要很长时间的探索和努力，仅仅依靠实践去促进新建本科院校现代学徒制的探索过程显然是不够的，理论研究也亟待补充完善。

纵观目前关于现代学徒制的研究，以实践类居多，但是较为缺少的是课程教学的内容。有部分研究涉及现代学徒制的课程构建框架领域，但仍存在可推广性低、专业过于细分化等问题，例如瓷器制作、冶金行业等，结果就是使得其他专业领域难以使用其研究成果，缺少广泛推荐和借鉴的意义，这是推行现代学徒制道路上的一个必须扫清的难题。具体到问题研究方面，目前的研究现状呈现出更多的宏观层次的研究，着眼于对政府、企业以及院校这三个参与学徒制的关键要素从整体上分析，但是却鲜少出现研究学徒制本身以及其中的个体因素如教师等微观层次进行的深入研究。这样就明显缺乏对学徒制更广泛、更多领域的研究，一定程度上阻碍其发展，同时由于内容上缺乏创新，总是老生常谈，就导致研究的进度相对缓慢。现实的情况是，各个地方呈现出不同的情况差异性，面对不同的问题情况的出现，如果一概而论，政策的制定就不具备针对性，就会失去解决问题的目的，而这也是现代学徒制研究中相对缺乏的内容。此外，在现有的参考文献中，虽然我们可以参考诸如英国、德国、澳大利亚等发达国家现代学徒制的经验，并进行借鉴，但是深陷其中反而会局限我们的视野，对于其他一些有着先进经验的国家和地区，便无法汲取其学徒制应用中的有益营养。

鉴于上述现实状况，我国新建本科院校现代学徒制的研究有其紧迫性和现实性。

第三节　新建本科院校现代学徒制研究的创新点

目前来说，随着研究的深入和成果的逐步延伸，"学徒制"对大多数人而言已经不是一个陌生的名词。从曾经很少为人们所关注到现在常常成为人们谈论和热议的话题，在众多关心教育的学者们的关怀和努力下，学徒制终于冲破黎明的黑暗，再次在中国迎来自我发展的新曙光。

与世界上其他推行学徒制的国家有着相似之处的中国，也希望学徒制的出现为职业教育特别是新建本科院校教育的发展提供新的教育教学实践路径，为中国高教健康、蓬勃发展贡献一份力量。正因此才会有从现代学徒制基础上演变出的新型学徒制，才会有"工匠精神""供给侧改革"等与学徒制在中国的良好结合的尝试与探索。建设中国特色的高等教育体系是时代发展之需要，融合现代学徒制的高等教育体系则满足中国高等教育向更深层次变革的需要。

对现代学徒制在我国新建本科院校的专门理论研究是新时代高等教育应该深入研究和探索的课题。鉴于我国现在十分缺乏对这方面研究的专门著作，也就促使本研究自身具有创新性，可以弥补现代学徒制资料亟待补充和完善的缺憾。另外，本研究成果的发表也推动更多的高等教育改革者和关心教育的人加深对现代学徒制的印象，从而推动更多的人加入这一研究探索过程中。

对现代学徒制在新建本科院校中的理论研究需在实践基础上进行。基于现代学徒制特有的属性和应用范式，现代学徒制也具备了浓重的实践色彩，这意味着，一旦现代学徒制理论研究脱离了实践和现实，其必然缺乏生命力。同时，鉴于现代学徒制在我国新建本科院校中的应用仍处于试点阶段的现实，我们的理论研究更多的是基于职业教育实践研究，而不是新建本科院校自身，借此希望能够从职业教育现代学徒制的实践中汲取经验，从而为新建本科院校现代学徒制的大规模推广与应用提供可借鉴之处，这也是本研究的创新点之一。

对现代学徒制在新建本科院校中的理论研究，我们还选取具有代表性的西方发达国家典型案例和范式进行研究探讨。以德国的"双元制"、英国的职业教育现代学徒制等发达国家情况为例,对现代学徒制的发展历史进行梳理和横向分析,从优秀和成功的范本中提取精华,最终为我所用,这也是我们进行现代学徒制在新建本科院校应用研究的创新点。

对现代学徒制在新建本科院校的理论研究,我们特别关注中国当前的高等教育改革实际状况进行,这也是本研究的一个创新点。现代学徒制应结合各个国家自身的特点特色进行实践与理论的探索,唯有以具体问题具体分析的马克思主义哲学理论为指导,结合中国的真实实际现状分析研究,才能更加清晰地把握我国现代学徒制在新建本科院校应用过程中存在和面临的问题或困境,更加有针对性地寻求解决之道。倘若一味照搬照抄其他国家做法,而未根据实际需求进行适时的自我变通和变革,现代学徒制在我国新建本科院校中的应用不仅不会发挥其积极作用,还可能阻碍高教发展的步伐,也不利于现代学徒制自身的建设与发展。

对现代学徒制在新建本科院校中的理论研究,我们还增加了历史学的内容,这也是本研究创新内容之一。分析我国现代学徒制的发展历史,对我国现代学徒制的发展过程进行回顾分析与判断,反思过去应用过程中存在的问题和困境,将对我国新建本科院校现代学徒制的应用开展起到良好的效果。

对现代学徒制在新建本科院校中的理论研究,还与当前我国高等教育领域倡导的"供给侧改革"和"工匠精神"等新的提法相结合,这也是本研究的创新点。教育领域的"供给侧改革"与"工匠精神"的提出适应我国高等教育改革发展要求,结合到新建本科院校向应用型转型的过程中是大势所趋,同时与新建本科院校现代学徒制应用有统一的目标,因此,从这一角度来看,必然能够推动该理论研究的顺利开展。

对现代学徒制在新建本科院校中的理论研究,我们还特别增加了"新型学徒制"的研究内容,这是本研究重要的一个创新点。"新型学徒制"是适应中国国情的在职业教育运用"现代学徒制实践"的理论创新,是符合我国实际的新提法。该概念的提出,顺应社会历史的发展背景和趋势,不仅能够推动职业教育领域现代学徒制继续向平稳和良性方向运行,更能在理论和实践双层意义中推动我国新建本科院校学徒制的应用与大规模推广。对"新型学徒制"的理论研究,切实满足我国高等教育改革的实际,有鲜明的必要性和可行性。

总之，对现代学徒制在新建本科院校中的理论研究，除以上内容外，依然存在很多的尚待挖掘和探究之处。理论成果的不断拓展延伸离不开实践的支持，我国现代学徒制在新建本科院校中的应用还有很长的路要走，想要推进实践教学良性发展，只有在实践的基础上重新认识理论，让实践和理论相辅相成、共同进步。同时，我们也应该清醒认识到，任何事物要想实现最终期盼的效果，绝不可能是一朝一夕、一蹴而就的，需要自身不断变革、积累与积淀。在这条道路上必然会面临各种各样的阻碍和挫折，需要勇敢去面对，去克服困难，唯有坚定变革的信念，积极正视和应对前进道路中的荆棘，同时汲取前人的经验和有益成果并为我所用，不断进行创新变革，最后才能欣赏到迷人的风景。

于新建本科院校而言，其自身正处于向应用技术转型的变革发展期，在理论资料亟待补充和完善的特定时期，我们更应该勇于面对现实，不断探求解决问题的新思路和新路径。在实践应用的同时，加大对理论研究力度的深入，让新建本科院校的现代学徒制理论研究真正有理有据，真正实现现代学徒制在新建本科院校应用基础上的理论创新，最终真正实现推动现代学徒制自身和新建本科院校应用技术转型的实践与理论意义上的创新发展。

第二章　现代学徒制的概念与影响

第一节　现代学徒制的内涵

一、何谓现代学徒制？

作为当下国内、国外职业教育发展的趋势，现代学徒制已经成为一种主流的人才培养模式。所谓的现代学徒制，顾名思义，由两个重要部分组成，即"现代"及"学徒制"。拆解开来仔细分析可以发现，"学徒制"是这个概念中的主体，"现代"起到了修饰的作用。显而易见，这是一种有别于"传统"的应用型人才培养模式。"言传身教"在学徒制模式里占有主要地位，这种传授模式在实践教学中体现得尤为明显。在培养专业人才的过程中，传统学徒制起到了不可小觑的作用，而现代学徒制在其基础上更进一步地延伸、发展。纵观当代与这种教学模式有关的研究领域，可以发现其定义，即通过学校和企业两者之间紧密联系开展技术人才培训为重要教学手段，以院校老师和行业企业一线专家为主要师资的一种应用型专业技术高等级别人才教育体系构建的新方法。在中国，对现代学徒制的研究也有很多，譬如说有的研究者认为，这种教育模式是介于师傅带徒弟和新型应用型教育之间的一种取两者所长的、以校企合作作为主要教育手法的新型应用型专业技术人才培养体系。这样的培养机制能够树立学生的职业道德感和提前给予学生工作经验等，是培养复合型、应用型人才的有力途径。

尽管学者们对现代学徒制有不同的定义，但我们同时也不能忽略其中存有的显著共通点：以上的理论都认可了传统学徒制对于现代学徒制有着不容置疑的影响，同时也是对传统进行了传承和发扬；脱离校企合作机制的学徒制模式是不可行的，同时教师课堂教学、现场师傅传授也缺一不可。

（一）现代学徒制内涵

如上文所述，言传身教在学徒制模式里占据主要地位，这种传授形势在实践教学中体现得尤为明显，可以理解为是一种"手把手"的教学方式。这种方式构成了一般意义上对于学徒制的理解。追根溯源，传统学徒制在中世纪就开始萌芽。在13世纪前后，该词语被人们使用。现代学徒制有别于"传统学徒制"，自从手工业诞生之日起，具有不同国家特色的学徒制体制即逐渐生成。最初就是师父的手口相传，把其技能和技巧直接地教授给学生，也就是徒弟。这也就是早期的职业教育雏形。从横向对比，宗教、经济、文化等社会因素也决定了学徒制在各个国家有不同的体现，在不断完善后反映了其独有的特性。所以，各个国家在研究这一制度时的定义截然不同。例如澳大利亚以"TAFE（Technical And Further Education，职业技术教育机构）"为代表的应用型技术人才培养模式等。这些国家的学徒制已经在发展职业教育的过程中，找到了良好的与传统学徒制的平衡点，推进了职业教育的长足发展。现代学徒制在一定程度上可以看作传统学徒制与职业教育契合而生成的。比较而言，应用型专业技术人才培养机制脱离了传统的教学手法，即是与应用型院校有着更紧密的联系，在国家政策等方面也不断得到支持与保障。

2011年，对于中国来说是现代学徒制的"元年"。现代学徒制的人才培养目标以理论知识为支柱，强调培养有实践能力的人才，同时应具备较高的职业素养与技能。此外，由政府牵头，全力引导院校与企业单位实施校企合作、实践育人，并以"手把手"言传身教的方式培养实践型人才。

（二）现代学徒制人才培养模式的内涵解析

现代学徒制模式着重强调校企合作、产教融合，教师在课堂上授课，师父在生产前线教学，着力培养具有综合职业素养的现代人才。换句话说，以现代学徒制应用型技术人才培养模式为准则，让相关学校、企业制定好合同，把政府、学校、企业的培训资源和资金分配好，最后就是解决四个问题。"四个问题"指的是"职业教育、企业单位中亟待解决的问题、企业招工难的问题；技工荒的现实状况；工人薪资待遇的状况；自身价值无法实现的情况"。此外，还需政府牵头，引导相关企业、单位，围绕以学校为主办者共同开展现代学徒制下的人才培养模式，构建"招生即招工、上课即上岗、毕业即就业"的职业教育人才培训新体系。现代学徒制人才培养体系有别于传统学徒制，与校内教学也有很大区别，其最大优势在于改变了传统职业教育中缺少实践环节、理论知识难以与技能融合、课堂与一线实际差距大等现状，这无疑是一次职业教育人才培养的巨大创新。

当下，施行现代学徒制的根本是深挖校企合作内涵。首先，学校和企业需要制定明确的规定合同，包含如何合作、合作的范围等细节问题。管理机制也需要较为完善：学生作为现代学徒制最为重要的培养对象，要想得到更好的培训效果，需要明晰的是校企合作应以培养学生为目的以及构建基于工作场景的标准。作为实施现代学徒制的部门，企业、学校也要负责监管和测评整个过程。此外，学校和企业应在各方面挂钩，加强互惠互利，更有利于提高专业素质。要达成目标，就应重视老师和师傅在其中的中流砥柱作用，因为他们将在教育教学中直接传授技能、树立职业道德观等。以课堂教学为抓手，进一步实施学徒制，更要把课程看作沟通学校与企业的桥梁和现代学徒制人才培养模式的指路标，让课程设置提高培养质量。

在一些欧美地区，应用型专业技术人才培养想要良好运行，政府相关部门的优惠政策扶植，校企合同的规范化都至关重要，更需要组织保障使其良性发展。实现学校企业合作的升级，充分释放两者特有的能量，帮助学生同时获得专业技能、理论知识、学有所用、实践实战，沉浸式地感受企业精神，最终让学生各方面都有提升，达成实践育人的目标。

（三）现代学徒制的重要意义

现代学徒制试点工作历来备受关注。在近年来政府相关部门出台的规范文件中明确，相关部门和地方要全力扶持现代学徒制技术人才培养模式的运行，并且行业公司和应用型院校的合同必须有法可循，推进校企合作制度化；应用型技术人才培养试点必须纳入院校的建设计划之中，并且要齐心协力，把相应的规章制度、法律法规具体化、细致化，在全国范围内让应用型专业技术人才培养的工作如火如荼地展开。十三五以来，国家的相关政策不断推出，体现了现代学徒制的重要性。其不可替代的人才培养模式由以下几个方面构成：

第一,职业教育发展过程中遇到的现实窘境得到有效缓解。学徒制成为人才质量、突破应用型人才短板的重要突破口,现代学徒制教改的工作重点应该是"工学结合""校企合作",然而,这两者常常流于形式,流于表面,没有深层次解决职业教育的问题,也不利于提升职业教育的质量。

第二,中国要想成为"智造大国",必须提升行业技能和产业质量,要实现这两点,首要解决的就是施行现代学徒制,提高企业核心竞争力。

第三,全力推进行业公司和院校的联系,助力应用型人才教育步入良性轨道发展,这对构建和谐、稳定的应用型技术人才教育十分有利,更快施行校内显性知识(教授研究)与行业企业第一线操作的互融。与此同时,行业企业、相关协会等民间组织可以发挥自己的力量,促进学徒制教育奖励机制的构建。

第四,助力教育事业公平地进行,进一步解决区域性、群体性的教育资源失衡。现代学徒制是激励农村学生获得更好教育条件的优良途径,促使我国教育公平的实现。

第五,教育集团化也是未来我国现代学徒制教育模式的发展趋势,学徒制能够切实有效地推动职业教育发展。

二、现代学徒制与传统学徒制的对比

与以往师傅带徒弟的教育方式不同,除了传承这一手段,当下的应用型技术人才培养模式自然而然地着上了当代属性。其独特之处体现为学生的"双重"性和育人的"双主体"性,在"双导师"模式下,通过"工学"交替和"二元耦合"课程体系,教育拥有两重知识结构,即显性知识与隐性知识。而现代学徒制应用型技术人才,达到教育与工作"零距离"的目标。

(一)现代学徒制与传统学徒制的比较

第一,双知识性这一概念在现代学徒制教育模式中尤为重要。首先,它把知识划分为两种:显性和隐性。课堂教学、教材内容都属于显性的知识,并且还把碎片化的知识规整融合;以自身感悟为主的是隐性知识,这种知识是要由行业第一线的实际操作过程中意会而来。师傅带领徒弟直接手把手教授技术是传统学徒制的最大特点，其传授可以针对细节问题展开；师傅在教授过程中言传身教，徒弟可以直观地看见其一举一动并揣摩意会，并在实践中模拟，最终熟能生巧获得技能经验，这种经验是隐性的，且充分体现其个性。对应的现代学徒制除了教授隐性知识，还传授显性知识，而显性知识的构建基础是隐性知识。

第二，应用型技术学校和行业是现代学徒制模式的两个实施主体，两者围绕该教学体制进行人才培养。行业企业和工厂等操作一线作为主要场所提供给学生模仿、实操等学习隐性知识的机会；与此同时，学生还在课堂上学习知识，通过书本、教师讲授，多媒体的使用等了解显性知识。由此，院校与企业各自的优势淋漓尽致地发挥，两者形成互相依存、优势互补、共同获利的关系，使学生能够透彻地学习显性知识和隐性知识。

第三，学徒制最为明显的特征就是学生同时也是学徒。两种身份共存也意味着理论、实践的共存关系。现代学徒制尤为强调学生的主导作用，如果只注重课堂理论而忽略了隐性知识，就会把学生培养成"书虫"，避免这一点的前提就是加大对学生的感悟能力和行动能力的培养力度。要学到隐性知识，学生就必须在一言一行中去揣摩观察，并激起求胜心理。模拟一线的工作现场，把两种身份发挥得淋漓尽致，充分让理论与实践无缝对接。

第四，工厂和学校轮换学习是学徒制中双导师顺利进行的大前提。由此可知，融合传统职教与高教特色的现代学徒制，既能体现两者的优势，同时更能通过"工学交替"制度实行"项目进课堂，教学到现场"的知识教育模式。应用型技术院校和相关行业公司的联系也是施行"二元耦合"的重要条件，当下的应用型技术人才培养体系中，应用型院校把课程设置与技术学习融会贯通，提升显性知识和基础实力，并且由行业一线师傅和学校教师一起授课；另外，企业则依据行业标准和流程，加强学徒的动手能力和行业前线适应能力，师傅都是有经验的工作能手；两者共存，产生共鸣和共振，能让学生学到尽可能多的知识与技术。

（二）现代学徒制与传统学徒制的具体区别

第一，教学主体上的区别。学校和企业构成了现代学徒制培养模式的心脏，迥异于传统的围绕行业一线展开的学习模式。现代学徒制融入了理论教学的成分，同时还在行业一线学习技术；相比之下，传统的学徒制培养方式十分单一，仅仅依靠工厂作坊里的传授来学习知识。由此可知，涉及学校的培养模式就是现代学徒制一大特征。

第二，传授知识的区别。在技术的教学方面，传统学徒制更侧重于把技术流程拆解成多个单一步骤进行教授，并且是手把手地传授。然而，仅仅有单薄的口述式教学很难真正实现技能培养目标。因为言传身教只是一个基础，在言传身教中学生不断操作并且积累、领悟经验，才能获得技能。掌握基本要点后，细化学习，便能把师傅教的技能变成自己的，为我所用，这显然是一种隐性的知识。把这样的实践性技能当作根本，应用型技术人才培养模式为其注入理论知识的部分。理论知识相较于言传身教的学习模式是显性的，其特性是不与实践操作混为一谈，它是一种注重原理解析、阐述概念的教学模式。由此可知，融合了显性知识与隐性知识的现代学徒制是十分严谨、完整的。

第三，学习成绩评价标准不同。在进行学徒制人才培养的同时，学生还需要考取资格证书。此外，能否取得资格证书对于现代学徒制来说非常重要。证书作为一种考核形式，需要学生在规定年限内通过某种检验。以英格兰为例，NVQ2 级是检验学徒制教学基础的标准之一，相应 3 级标准就是检验教学成果的门槛，用技能资格证作为评判准则，可以使人才培养更为有效。相比之下，传统学徒制更侧重技术的表象，也就是操作的规范和熟悉度。

第四，学习的方式不同。企业全面参与到现代学徒制的实践教学，加速了人才的培养。一方面，企业派遣有一线行业经验的师傅，现场教学和培训学徒。另一方面，资本需要参与到学徒培训中，比如说较为优良的设施设备、实践耗材等都缺一不可。现代学徒制强调的是"项目进课堂，教学到现场"，融合了理论与实践，这不同于言传身教式的传统学徒制。

第五，教授给学徒的知识范畴迥异。现代学徒制下，理论知识与实践相结合，这就需要学生在理论里思考，在实践中实操，而传统模式下主要是言传身教，思考的地位并不显著，理论知识在应用型技术人才培养机制中展现了较高的地位。这使得技能的学习与客观世界结合得更为紧密，譬如说科技、社会、道德、伦理等，因而在外界世界的力量推动下，刺激学生不断学习并巩固夯实所学知识技能。

第二节 现代学徒制的特征

一、西方现代学徒制的特征

尽管发达国家在学徒制人才培养模式方面都各具特色,但经过归纳概括,仍然能探知其中的共性。

1. 国家战略层面的制度管理

欧洲很多国家政府纷纷把现代学徒制当成是未来发展规划的重要部分。因而,有的国家发布与学徒制息息相关的条例法规,保证了关系者的权益。有的国家出台了监管机制,让现代学徒制的施行有规可循。许多发达国家都从体制策略上逐级细化了现代学徒制政策保障,上级主管部门把制度框架搭建的权利下放到各地,采取金字塔模式管理。西方国家通常针对学徒制培训的相关机构、人员发放资金补贴。

2. 相关体系单位同时介入机制

越来越多的机构、单位与学徒制人才培养模式挂钩,其中涵盖了政府机关、职业院校、行业企业、行业工会等,另外还有老师和学生以及独立培训组织,以上的相关团体之间的利益链已趋于平衡。企业和行业工会在这个模式中担任雇主、被雇佣者的角色,两者的互惠互利能同时给予行业和学生帮助,达成两者各自的愿望。

3. 以企业为主、工学结合的人才培养模式

显性知识是学校主要教授给学生的,同时还要求结合实践来学习技术。校企合作,合力培养有一技之长的应用型人才。然而,相关部门、学校、培训组织和中介都不是现代学徒制的根本,其本质应该是行业企业。第一,行业企业应该是定义技能准则的标杆,尤其是实践能力在现代学徒制中占有重要地位,其准则也是行业制定的。究其根本,应用型教育人才培养的目的应该是让学生能融入企业,适应行业一线,顺其自然的,企业的要求就是培养的标准。换句话说,政府或者教育机构不再是决策者,而让规则的制造者也就是企业来制定标准本身是最符合行业生态法则的。第二,学徒制的培训场所已经基本实现了向企业的完全转

移。尽管课堂理论学习和行业一线实践都具有重要的作用，然而它们扮演的角色有所不同。现代学徒制是以工作本位学习为主的人才培养模式。教育机构起到了隐性知识架构供给的作用，另外辅有灵活的一般技术和素质培训。

4. 以学徒为主的双重身份

以当代欧洲国家的学徒制为例，受教育主体既是院校中的学生，同时更是行业内的学徒。学生先从顺利进入行业企业入手，进一步参加相关项目、获取相关职业证书，顺利完成在校学业，得到显性知识与隐性知识的双重养分，成为一名优秀的应用型人才。在现代学徒制中，企业对学徒的态度和定位是顺利开展学徒制培养模式的大前提，只有不把学徒当学生、当外人，企业才会摒弃先入为主的观点去大力培养、全力训练学徒，而不是一味地依附于学校的力量。同时，为了保障企业的利益，发放给学徒的补贴远远低于一般工资，这在很大程度上减轻了企业的压力，更能维持校企合作长期发展的良性循环。

5. 统一规范的教育培训标准

行业公司对于应用型技术人才培养模式的施行占有绝对地位。要保障学徒的基本利益，既能学到技术、受到良好训练，同时又不作为行业一线的免费劳力存在，是开展校企合作的现代学徒制首先要面临的问题。为解决这一关键问题，发达国家都出台了相关的规定条例以监管校企合作的范围、津贴补助、权益保证等合理合规。譬如说，欧洲发达国家就有很多相关法律法规，德国出台的"框架教学计划"以及澳大利亚的职业教育培训包等，具体细化了学徒的技能等级标准和技术要求，有些规定还详细列举了训练形式、训练方法。

6. 与国家职业资格体系的融通

在发达国家，企业往往是技能资格证书的制定者，同时也认可这些资格证书，这与现代学徒制教学模式息息相关。技能认证书是学徒掌握某种技能的可靠凭证，同时也是学徒在行业就业时重要的砝码，这为学徒制的施行增强了原动力。德国的双元制之所以受欢迎程度比英国强很多，究其原因就在于该制度一直保持着与国家职业资格证书之间的"亲密关系"，而就英国来说，获得该证书显然可以通过多种途径实现。实际上，这也意味着德国的双元制在学徒制的具体实行，尤其是关系到国家资格证书的取得时，具有其他教学模式明显不具备的优势即"排他性"。

二、中国现代学徒制的特征

（一）我国现代学徒制的兴起

我国职业教育长期存在理论与实际脱节等种种弊端，并且始终未能很好地解决，导致职业教育所培养的人才质量不高，不能满足企业与社会发展的需要。20世纪90年代，政府相关部门下发了学徒制的相关规定，建议让行业单位内的专业技术大师带头，实行具体的初级技术人员培训活动。其目的一目了然，就是让这些行业企业内的高级技术人员成为应用型教育的主要师资力量，充实应用型教育的培训制度。尽管出现了重重困难，阻挡了这种行业专家培训技术人员的制度施行，而相关行业机构也没有对其有所侧重，可是归根结底，这标志着我国开始了新学徒制的摸索和实践。若干年前，以江西为代表的地方政府也相继发布了现代学徒制应用型人才培养方面的政策，成为我国第一个在地区范畴内试点现代学徒制的省份。几年前，我国政府相关部门也出台了应用型技术人才培养的文件，标志着现代学徒制这一理念首次出现在部委文件里。2014年8月，教育部发布《关于开展现代学徒制试点工作的意见》，表明现代学徒制试点工作进入全面推进的阶段。

（二）我国现代学徒制的特征

首先，现代学徒制应用型人才培养模式是一种涉及面多且广的新型实践教育理念，应用型技术院校、行业、家庭、行业协会、相关部门等都应共同协助现代学徒制的人才培养。以上单位各自在学徒制人才培养模式中起到其作用，推动学徒制的发展。

其次，有明确的人才培养目标、实践教学环节设计与具体的实践内容。这样一来，人才培养体系就得到丰富完善，同时，焕发出现代学徒制鲜活的生命力和感召力，科学规范成为前者的重要来源。

再次，新的内涵与外延也呈现在师傅与徒弟二人之间的关系上。师徒都具有双重身份。师傅既能是教师，也能是手艺传授人，可以是一对一的师徒关系，也可以是一师对多徒、多师对多徒。

最后，冲破了传统学徒制的发展桎梏。应用型技术院校和行业公司一起，协力完成学生的技能培训，共同发挥自有优势相互补充，打造应用型技术人才的升级版。

（三）我国现代学徒制的发展现状

近几年，应用型院校教改正在不断发展，课程设置、人才培养方案也与以往不同，越来越多的应用型院校加大对现代学徒制的重视程度和培养力度。然而，这一阶段亟待解决的问题还有许多，对顺利实施现代学徒制有所影响。其一，现代学徒制推进所需的软环境还不够，尤其是政策条例完善方面还有很大发展空间。其二，相关单位、企业对于现代学徒制这一新兴理念仍缺乏系统性的理解，难以深刻挖掘其内在优势。其三，广泛存在着的学生在实习时流动频次较高的现实，也导致了企业不得不面临和承担流失人员，特别是企业迫切需要的技术技能型人才的流失。其四，可以发现，校企合作之间存在着不平等的供需关系，很多企业对培养学徒并没有热情，大大影响了学徒制培养的进程。

（四）现代学徒制对我国高等职业教育人才培养模式的启示

在发达国家，现代学徒制的历史已十分悠久，然而我国的应用型职教还在起步期，仍需突破瓶颈，进一步发展教授主体、学校师资、行业前线、培养模式、课程设置等现代学徒制的学习条件。首先要明确的是必须凭借现代学徒制人才培养模式的核心，对其做深刻挖掘剖析，进一步探索该模式在中国的发展路径和未来规划，才能使得现代学徒制符合我国国情。

1. 对打造中国应用型技术教育升级版的启示

目前，我国新建本科院校应用型教育中校企合作教学模式有几个亟待解决的问题：行业企业缺乏培训热情、培养级别不高、培训补贴政策不到位、人才教学的质量难以得到保障等。我们应借鉴发达国家的现代学徒制建设路径，用以建立健全应用型院校现代学徒制和校企合作培养模式，完善培养制度。应用型院校现代学徒制模式构建的首要任务就是建立一套符合我国国情的人才培养制度，应注意以下几点：第一，树立工学结合的办学理念；第二，优化课堂教学安排，完成培养模式转型的升级版；第三，构建校企合作，实践育人的培养体系；第四，建立健全全新的评价体系；第五，调整培训补贴政策和补助机制，用以提高教学质量，用减少税收、给予政策优惠等方式鼓励行业企业加大对现代学徒制人才培养的重要性认知。

2. 构建中国现代学徒制人才培养模式框架

未来我国应用型人才培养的主要路径就是现代学徒制，并且是适应于我国整体国情的现代学徒制。培养的目标、内容、方式、评估，这四大类共同组合成了现代学徒制人才培养模式的重要框架，每个部分又涵盖一些自身的实践体系。人才培养目标包括：既要使学生具备隐性知识以作为基础，又要使其具有较好的实践动手能力，还要强调培养学生的内涵，使其具有职业素养，具有行业所需要的道德感和责任心。此外，创新是人类不断进步的重要途径，要使学生能在所学专业内不断探索，不断创新。对隐性知识不过于强调，把学生的动手能力纳为现代学徒制人才考核的重中之重。课程设置是完成现代学徒制培养内容的主要途径，按专业划分课程内容，因材施教制定所学，并且让实践内容达到总数的50%，强调隐性知识对学徒的重要性。应用型技术人才现代学徒制的运行里，校内老师、行业公司的一线人员一起完成教导应用型技术人才的任务。课堂上，双师型教师用显性知识和书本内容帮助学生快速理解技术的理论知识，在行业一线，师傅手把手地教导学徒如何应用技术，更在一定程度上加深学徒对技术知识的了解。由于现代学徒制属于隐性知识和显性知识结合教学，所以导致了其评价体系也需要双重标准。

3. 明确中国应用型技术人才培养体系内相关方面的职责

在我国的现代学徒制中，应用型技术院校、行业、家庭、行业协会、相关部门等都应共同协助应用型技术专业学生成长。从相关部门角度来看，应该以优惠政策加以扶持现代学徒制相关的学校、企业，加强校企合作的政策力度，并资助其培训的所需资金；从应用型院校角度来看，学校正是在政府部门的指导下开展应用型教学，并达到人才培养的目的，进一步规划所学专业的路径，政府部门还可以激励老师向双师型教师的目标奋进，在行业一线实际操作锻炼，再回到课堂中以自己的经验传授给学生；另外，课程体系和专业教改都十分重要，不论是教学方式还是管理途径，都缺一不可；从企业的角度来看，行业企业在实践生产中制定了专业的标准，需要把标准反馈给学校里的师生，并且还要接纳优秀专业人才作为企业发展的后备军，激励、奖励在生产一线表现优良的学生；从家长的角度来看，要支持和鼓励并满足孩子对于专业发展的需要，孩子需要作出选择时再予以适当的建议，提供一些既有的经验。

第三节　现代学徒制的功能

一、现代学徒制建设是现代职业教育制度的重要补充

将显性知识和隐性知识合为一体教授给学生，是现代学徒制的内涵和重中之重。当前正是我国构建现代学徒制的初期，急需进一步提升应用型教育的水准，解决职业教育中的一些弊端，以增加大学生的就业率，实现就业公平。

1. 职业知识的学习需要工作情境

近年来，我国应用型院校已经有了长足的进步和成长，然而，当下社会经济对于实用型、复合型人才的缺口还有待填补。一个残酷的现实就是，我国虽然人口众多，但是人才尤其是技能型人才存在着十分缺乏的现状。一个重要原因是：当下应用型学校的教学方法难以根除学生动手能力薄弱的弊端。随着科技的进步，信息社会下生产日趋自动化、去人工化，精益生产的呼声越来越高。管理的扁平化也日趋明显，管理模式越来越清晰且一目了然。这样，过去的多度分化的分工，所有的工作内容都化零为整、具有弹性，在完成的过程中也更加高效。在这样的背景下，应用型人才面临着更大的挑战。

根据市场调研可以发现，用人单位往往对应聘人员的工作资历有更高要求。除了具体的技能，还要求应聘者能够组织统筹，规划蓝图，做一定的决策等，也就是更需要有复合型的人才加入行业企业中。而要实现探索、评估、推动隐性知识的积累，单一的课堂教学难以支撑，必须使用显性知识与隐性知识配合、校企合作的模式来培养人才，这正是现代学徒制的内在属性。

2. 正规的技术培训渠道将缓解现实窘境

反观当下，很多行业企业都有一些"非科班"出生的学徒，这些人

往往是单一的学徒。究其根本,是因为许多家境一般甚至很差的农村青年,因缺少学校教育,于是通过在行业企业一线工作而在社会上立足,其中以"80后"居多。根据2010年的一项调查,学历较低、家庭条件较差的年轻农民工,越来越多地涌向外地务工,这个数据占了用工单位总需求的88.4%,他们因为缺乏法律意识和专业技术常识,所以容易在岗位上遭到层层盘剥,并且到处碰壁。甚至还有部分公司昧着良心,招聘没有正规技能培训背景的人员上岗到生产一线操作生产,进而获取更大的利润,压榨务工人员的劳动价值,这大大损害了该群体的利益。而那些接受了正规培训的员工往往是企业和市场中所需要的,不仅能提高企业生产效率,更能实现劳动者个体的职业价值。因此,企业员工接受正规的技术培训是缓解现实窘境的有效渠道。

3. 现代学徒制是国际职业教育制度发展完善的共同趋势

在人类社会尚未有学校出现的时候,社会生产主要依赖于手口相传的传统学徒制。而自从工业革命的发起,越来越多的技能凭借学校的教学来传授,而不是传统学徒制。值得注意的是,传统学徒制仍然保留着,只是形式上略有不同而已。以德国、瑞士等欧洲发达国家为例,"双元制"这一现代学徒制初期形态的构建就是最好的例证,甚至可以说,相较于其他国家,学徒制应用得越好、越广泛,则该国家的工业和制造行业发展水平越高。归根结底,其实是现代学徒制造就了校企合作之间的供需平衡,让学生一毕业就有实际的工作经验,在就业过程中能更加顺利,大大增加应届毕业生就业率。此外,还能让好的学生逐步向非大型企业流通,让其竞争力更高,还能让学生有自己的职业发展道路。

在培养应用型学生的能力和效率方面,现代学徒制的优势十分明显。世界上很多国家采取了与双元制不同的学徒制人才培养模式。譬如说丹麦、奥地利等欧洲发达国家都出台了相关法律法规,对现代学徒制相关的学校和企业采取统一管理机制。此外,还从中央到地方一层层设置了相关部门进行控制和监督,协助现代学徒制的良性发展,让校企合作的双方都有法律保障。

二、现代学徒制是促进校企合作的真正纽带

当前,现代学徒制正在新建本科院校进行应用技术转型的过程中如

火如荼地开展试点推广工作，前者也受到越来越多人的关注，特别是在促进校企合作方面，发挥了积极显著的作用，成为推动院校和企业间实现合作的桥梁纽带，同时也体现着自身的特色。

1. 现代学徒制不等于"师傅带徒弟"

应用型技术人才培养机制下的现代学徒制拥有双主体和双身份的属性。前者是校企合作的主体即学校、企业，二者协力培养学生；后者是受训者，既是学生又是学徒。众多研究者认为，现代学徒制带来了德国工业产业的繁盛辉煌，让众多行业企业受益。

要实现中国特色的现代学徒制，应该把行业企业的文化内涵作为核心。欧洲发达国家的现代学徒制都有其深厚的后盾和有力的支撑。想要使行业得以良好发展，相关的公司单位少不了要为培养应用型人才添砖加瓦。反观中国的应用型教育，首先就缺少这个大前提，更鲜少有高校认知到现代学徒制的重要性。总之，构建这样的相关文化体系就是当下的重中之重。不同于传统学徒制的手口相传，时下出现了更加注重高学历标准的趋势。因为过去的师徒传授模式旨在掌握初级技能，完成阶段性的学习后就没有下文了，而当下更注重学历，不仅有硕士，就连博士生也大批进入到现代学徒制的人才评价体系当中，更有活到老学到老的趋势。另外，现代学徒制的培养内容应该是在不断进步的，因为当下的科学技术发展日新月异，几十年前的技术早就被淘汰，不应按当时的标准培训现在的专业学生，必须把眼光放长远一些。此外，可以吸纳行业企业一线的能手，把视线聚焦于国际维度的师傅或工程师等，不拘一格地选用人才。

国内相关领域的专家学者们认为，现代学徒制在一定程度上颠覆了传统的应用型教育生态环境。人们普遍的看法是，现代学徒制重视校外实践，也就是校企合作的模式。校企合作不是单纯意义上的走形式，更是把培训的主体和客体解构并且升华。应用型学校可以重构教育体系，进行全面的革命和嬗变。第一步就是对课程进行重新架构，这离不开企业和学校两方之间的通力合作，从而对课程进行再度开发以及完成与企业有关的配套教学改革；接下来就是课程改造，教室和实践一线合二为一，打造出现代学徒制的崭新课程模式和教学文化。另外，人才评估体系的组建也要纳入考核，必须制定符合当下实际的评估体系。在课程设置上，大部分的课程都安排在了行业企业操作一线，课程的形式、内容更加灵活多变。校企合作的定岗定责更为明晰，把权力和责任落实到人头，让有限的生产和教学资源能够在现代学徒制的人才培养模式中得到无限量的放大，真正实现校企合作的人才培养目标。

2. 大师进校园，学生进企业

"大师进校园，学生进企业"是现代学徒制实现校企合作的有效方式和具体体现。以北京电子科技职业学院为例，5年前，该校特聘了一位名叫钟连盛的工艺美术大师作为兼职教师，还建设了相关工作室，能够让大师带着手艺进驻校园。据网上搜索资料可知，钟师傅主要负责管理北京市珐琅厂，此外还是厂里的顶尖工美师。在被大学聘任后，钟连盛师傅遵守现代学徒制的教学规律，手把手地教给学生如何创作珐琅这一种传统工艺精品。据统计，从2012年至今，已经有近100名学生出师。可以说他既是在传授传统的景泰蓝手艺，更是在推广一种源远流长历史悠久的传统文化，还在教导学徒的基础上把多年积累的经验和精益求精的工匠精神传递给下一代接班人。因此，这种方式下培养出来的学生既有手艺，又有高尚的职业素养。

同样，在浙江省金华市的金华职业技术学院也有自己的大师工坊。许多国内享誉已久的行业企业专家已经入驻。这些教师或者师傅中的很大一部分人都有过技能竞赛的获奖经历，特别是获得过省级及以上奖项的人占了绝大多数。他们亲自参与到实践教学的各个环节，专门负责数控技术专业学生人才培养，学校还会专门安排多个小组，将学生平均分配到各组，每组落实一个专业老师来指导实践课程，让学生能够选择工作岗位，让企业可以选择员工，实现了供需的公平性。此外，在现代学徒制的影响下，变得公平的链条中还有应用型院校与校企合作单位，实现了行业单位与专业技能师父、专业学徒与单位和专业指导人员、行业专家与学校学生多方的需要，同时也使得现代学徒制的培养主体和对象能够持续发展，学生能够更加高效地学习，提高指导与学习的针对性。行业中的专业人员可以胜任现代学徒制师傅的工作，专业的教学也能得到保障，还能在生产操作一线实现专业指导。此外还可以在当下"大众创业，万众创新"的大环境中培育出一批具备创新创业能力的学生团队，模拟行业单位的机制体制，构建专业技术文化，进一步提升专业学生的职业素养，还可以让学生在校园里充分感受到校园里提前打造的企业文化。

该校还建立了两个推行试点现代学徒制的下属院校：一个是皇冠学院，是由皇冠投资集团与该校联合建设的；一个是众泰汽车学院，也是由企业挂牌建设的。其中包含了多个专业技能的培训。学校还有校企合作的细化规则，并建立起了一套相对应的机制体制。一般还施行理事共同决定制，在多人的会议决议下，由校领导落实具体问题，这样更能强化校企合作实践育人模式的优势和现代学徒制的优势。这两个下属院校还加强校企合作的力度，在行业一线设置教学单位，让教学真正到了生产现场，让学生化实训为实战，进行现场演练，善于利用真实的环境、最贴近现实的手段，深化学生的职业意识和操作意识，使其成为真正掌握专业内涵的应用型人才。运行经费实行"董事会特别拨款+员工培训专项+学习津贴+学校比例投入"的组合式投入。以皇冠学院为例，其王牌专业就是电动工具专业。他们采取了一对多模式，因为该行业都是扎堆设厂，工厂车间相对密集，因此，学校与当地多个相关公司合作，联合作业，共同完成订单。这样就平衡了各个企业人才供需的矛盾，输送了大量的人员。另外，根据具体行业状况，学校还设置了酒店管理专业，该专业施行一对一的模式，即专业对应某个酒店管理机构和某个大型酒店，这样既能培训品质优良的酒店服务人员，还能挖掘出优秀的管理人才。

三、现代学徒制是我国高职人才培养的新出路

（一）我国高职人才培养的现实困境

目前，对高职人才的培养模式主要有"订单式""学工交替""实训—科研—就业一体化产学研合作""双定生""工学结合""校企双向接入""结合地方经济全面合作""以企业为主合作办学"等创新研究。虽然各种方式百花齐放，百家争鸣，我们却不能漠视其中的某些弊端，必须直面问题、解决问题。

1. 目前高职教育培养模式无法"标本兼治"

前面所涉及的培养模式，表面上在思考新的途径，但难免与"教学模式""人才培养途径"或者"教学管理制度"等"人才培养模式"中的诸多要素混为一谈，一言以蔽之，都是治标不治本，虽能够微调某一具体环节，却冠以教改之名，实际上名不副实。从概念上讲，必须构建适

应于现代学徒制的教学文化,并辅以其内涵为核心的教育理念,以学生的专业知识和专业素养的培养为根本,构架起良好的培养环境,为未来的长足发展打好基础。对于各种教学形式,应该明确其人才培养目标和意义,而不是为实现简单的阶段进程而创造一种教学形式。因此,以上种种不应被称之为革新。综上所述,尽管培养方法是书面性的、相对具象的,然而在施行的时候,掺杂了太多不可预见的因素,因此难以被纳入实际的考量范畴内。此外,应用型院校内正在施行的模式,大部分难以根除人才培育方面的弊端,也就是已经存在着的理论与操作的矛盾、隐性知识与显性知识的冲突。

2. "拿来"的人才培养模式缺乏中国特色

在中国由于应用型教育出现的时间比较晚,研究也相对滞后,但就目前情况而言,对现代学徒制的研究也开始热门起来,借鉴和参考西方国家的教育模式也成为研究的内容之一。然而,不同地区的文化迥异,社会环境、经济条件等大相径庭,如果说一味地借用别国的现代学徒制教育模式,很难说能在当今的中国得到良好发展,就算有一些短期的效果,但从长远的角度来看,仍难为我所用。依据以往经验,只有走中国特色的发展道路,让理论照进现实,才能让现代学徒制的人才培养路径得到长足发展。需要注意的是,高职教育的变化发展之路实际上反映出了我国的实际国情。放眼全世界无论哪个国家地区,都不存在实践过程中的完全一致的映照情况。由此可知,发掘一套适合当下社会,符合我国环境的应用型教学模式,才能在未来的道路上越走越远。

3. 忽视职业道德和经验在模式中的地位

针对当下应用型院校的种种培养方式,大体可以总结出若干类别。譬如说,以教育进程里的专业为核心的或是以学生的能力为核心的类型。上述类型虽在一定程度上进行了有重点地人才培养,却缺乏对人才培养本身的内涵审视,尤其是综合的能力、整体的素质、系统的职业文化、工匠精神的思想内核等,往往乏人问津。另一方面,我们要避免用矫枉过正的应用型教育模式来指导学生,并且时刻牢记,学生才是接受教育的主体,才是教育的希望。一旦忽视了现代学徒制中对职业道德和专业素养的强调,就算能够培养出技术上的大师,那也将会是道德上的矮子。在隐性知识传授方面,最显著的不足之处在于,难以把默会知识真正地传达给学生，更多的只是在做无用功，而且课堂上的知识点和技能往往跟不上当下的技术变革趋势，学生毕业后仍不得不重新开始对新技术的学习，还是要经历漫长而痛苦的坎坷道路，最终得以适应行业一线。相关教育工作者必须要正视、反思这些弊端。

（二）"现代学徒制"有利于我国高职人才的培养

尽管存在上述种种不利之处，但是建立在传统学徒制的基础上的现代学徒制，仍旧在发展过程中展现了许多可取之处。它在当下的社会经济环境中，与大背景下对应用型人才的要求不谋而合。相对应的，过去学徒制强调技术的手口相传，如今却包含了更多内容，譬如说，保留了师父教与徒弟（学生）学的传统，同时又重新定义了专业课程设置、人才评估体系、教育生态环境等等方面的内容。可以说，现代学徒制是划时代的崭新的应用型教学体系，更加具有革命性的意义。

1. 现代学徒制体现了"高等"职业教育特点

近年来，媒体多次报道了一个新兴的现象，也就是技术工种的缺乏，特别是一些水平高、能力好的专业人员数量亟待增长。显而易见，这与我们应用型院校技术人才的培养息息相关。高等教育院校尤其是新建应用型本科院校，与其他应用型教育机构、单位的最大不同之处不只是学历，而是前者肩负起了培养与大环境相契合、能为社会做出贡献的优秀专业人才的重任，这正是现代学徒制应用型技术人才培养路径的最终目的。现代学徒制的人才培养目标首先明确应该把对学生的要求定位在操作的精通熟练性上，把对老师的要求定位在精通先进的专业和熟悉本行上，而不是一个简单的教书袋。另外，应用型学校应该允许学生边实习边上课，不能过于限制其自主实践的机会。虽然当下技术工种匮乏，但我们不得不承认的是，仍有许多就业难的现象存在，两者并不冲突。只有充分发挥现代学徒制的优势，让专业学徒能够学到真本领，在学校里就积累到一定的工作经验，才能摆脱应用型本科院校现有的尴尬局面。毕竟归根结底，未来的应用型技术人才还是那些既掌握动手操作技能，又懂得技术原理的复合型专业人士。

2. 现代学徒制培养模式能够"标本兼治"

在应用型人才培养的过程中，多个环节通力合作，才能让专业人才适应于市场的需求。换句话说，其中任何一环或某几环的离席，都可能造成难以培养出真正优秀的专业人才。如上文所述，仅仅是革新应用型教育的方法、形式，无法根除存在已久的顽疾，最多只会暂时起到饮鸩止渴的效果，但结果仍旧是注定不会改变。矛盾还依然存在，一旦稍微触及其外壳，问题将会一触即发并产生连锁反应。不同于传统学徒制中师父手把手传授给徒弟技术的"土办法"，当下的教学方法更加丰富，先是用显性知识作为基础，再一步步累计实践经验，而这个过程中，行业企业一线的老师们其实早就在授课了。

行业内参与到现代学徒制人才培养环节的企业能够与学校联合设置安排教学计划，给学生布置实践课的作业，让学生早日和专业接轨、和行业接洽。这样的环境下培养出来的学生，也能够较快洞悉行业风向，找到自己将来的奋斗目标，更有拼搏的斗志。与此同时，行业内的相关公司能够边培训、边挑选合适该公司需求的人才，大大地削减了经费、节约了精力和时间，可谓一举多得。值得一提的是，行业公司也能在教育领域占有一席之地，甚至和学校具有同等重要的意义，这使得校企合作的协同程度更高、壁垒更少，大大缓解了由此产生的矛盾问题。

3. 现代学徒制是"中国特色"的现代高职人才培养模式

有关于学徒制，尤其是与之相关的当下应用型技术人才教育模式，知名度较高的大多都是欧洲的发达国家，世界上研究相关领域专家的视野大多集中在此。然而，一切教育理论的科学研究都应当是为了服务于当下的教育实际的，我们对发达国家的现代学徒制研究，也是为了进一步推动应用型实践教学向更好的方向发展，以此映照中国现代学徒制人才培养模式的演变革新进程。更重要的是，我们不能忽视对中国特色现代学徒制的强调。放眼世界，很多发达国家的行业相关协会都和应用型技术院校合作，一起培养、培训学徒，然而如果完全套用到当下国内的应用型院校，则有可能让该领域的不可控元素增多，难以把控。要想把国情纳入考虑当中，则要侧重于对学徒的训练，尤其是强调较高程度的训练。此外，在中国，还要重视对职业技术的实践教学设置，让企业进课堂、让教学到行业一线的现场，撤除两者之间的壁垒，让校企合作契合度更高，更加亲密无间。在相关政策方面，只有不断地完善应用型教学领域的政策和规章，以及劳动法等法律法规，让现代学徒制应用型技术人才教学模式得到最大程度的政策保障,才能在这条道路上越走越远、越走越好。

4. 现代学徒制以"育人"为核心,培养高素质技能型人才

应用型技术院校的教育经过现代学徒制模式的革命,已经能够初步达到系统教会学生显性、隐性知识的目的,使其在激烈的就业竞争环境中不被淘汰。然而,我们必须清楚认识到,现代应用型技术人才的培养,除了教,更要育。现在的很多学校,为了提高学生的专业能力,提高毕业生的就业率,一味地强调专业技术的重要性,却忘记了育人的教育使命,这直接导致了很多学生对于本专业文化内涵认识不足,无法在受到社会现状冲击和面临巨大反差时保持初心、保持匠心,甚至会丧失原则和底线,丢掉了本来的专业素养和道德感,造成人格上的瑕疵。尽管如此,单纯地书写下这些弊端,仍无力去根除以上顽疾,只有凭借着专业行业内的老师结合自身经历和长期见闻才能起到言传身教的目的。正所谓上梁不正下梁歪,只有为师者以自身为师范,让学生看到一个活生生的标杆,这才是应用型技术教育中育人的唯一捷径。同时,手口相传也是应用型技术院校培养人才的主要特色。唯如此,提高学生的专业能力的同时,也可以潜移默化地熏陶学生的行业道德感,教导出思想和能力匹配的复合型人才。

第四节 现代学徒制改革的全方位影响

一、现代学徒制实现了"校、企、师、徒"四方共赢的培养模式

在当下,应用型技术院校人才培养注重校企合作以及人才培养模式的创新。在培养人才的目标方面,把市场竞争力作为人才考核的重要部分。围绕应用型教育的核心,把培训专业的隐性知识和显性知识,包括职业道德的树立等都纳入培养方案当中。培养应用型、复合性、一专多能的高素质人才,让学生在校期间就能有一定的工作经验,这对今后就业和工作都是至关重要的。

（一）高职院校教育真正实现高等性和职业性的契合

应用型技术院校提供了较为完整的实践教育方式，熏陶形成学生良好的思维能力和道德修养。然而，在实际的培训操作中仍存在许多薄弱环节，譬如说行业企业一线师傅较少，相对应的实验室、模拟车间、仿真设施等落后或数量不能满足学生需求等。但是，应用型技术院校也注重企业在培训中的作用，让行业一线、制造工厂成为课堂的外延，让行业专家走进课堂，以此解决面临的问题。在现代学徒制中这样的合作方式，能够弥补两者的不足，让两者的优势都能发挥得淋漓尽致。应用型技术专业的学生能够近距离接触、观察行业一线的先进设施，浸入式地体验参与生产的操作流程，让学生可以提早一步适应行业的生态环境，真实地完成实践操作的目的，这样的培训效率也将大大提高。

（二）企业用人需求实现定制化

在现代学徒制的教学模式中，应用型院校联合行业公司一起，修改完善专业人才培训方案，学生毕业后就能有机会进入企业工作，大大提高了学生就业率。由于行业一线企业具备一定的制定专业标准的实力和义务，因此也更了解学生的培养目标。据此，可以在制定人才培训计划时参与其中，还和学校一起完善方案。这样的良性循环下，学生适应工作环境的所需时间更少，需要的额外培训成本更低，总体能够更加高效学习。在相关劳动法和政策的引导下，那些和行业公司共同签署合同的应用型院校，都有相关行业经验丰富的师傅从旁指导教学，还可以对专业实践起到监管督促的作用，这样的环境下学成毕业的学徒能够更好地为公司所用。而且在行业公司的师傅教导下，学生能够潜移默化地培养出职业文化意识，同时，职业认同感也在慢慢地建立，能够更有责任意识和使命意识。

（三）校企双方师资实现教学相长

首先，应用型技术院校的老师能够定期到行业公司一线岗位，更新自己的技术知识储备，还能和公司的岗位人员互相沟通，减少自己的技术短板。在现代学徒制人才培养模式当中，有相关政策合同的保障，往往能让学校的老师和企业内的师傅保有长效的沟通渠道，并且还可以合作讨论专业操作中遇到的难点。其次,现代学徒制的应用型教学模式允许师徒在某固定的操作空间共处,两者相辅相成,有什么困难或者阻碍都可以马上发现、马上解决,打破传统课堂教学中疑问滞后的僵局。在这样的背景下,学生还可以获得更多的成就感,真实地体会到成长的快乐,这自然而然地提升了其进取心和斗志,对新鲜的事物更加有探知欲望。此外,不同于传统师徒手口相传的教学手段,师父面对面地和多名学生共处,集思广益、发散思路,可以让创新的种子在现代学徒制的教学中生根发芽,实现教学相长。

(四)学生实现毕业即就业的成长前景

当下,应用型技术院校施行学徒制,能让其教育对象得到远胜于以往的好处。首先,基于现代学徒制校企合作的特点,学生可以在校期间就到行业企业一线实际操作,毕业后求职时就能拥有工作经验,而且这样的学生不仅具备隐性知识,同时还有显性知识的熏陶培养。课堂里的理论教学能够提高其修养,而行业操作的实践可以磨砺学徒专业技术,了解行业对本专业的要求,这就使得学生早一步转换自己的角色,脱离了职场新人的稚气。其次,应用型技术人才培养的方法十分多变,可调控性强。主要围绕在隐性知识与显性知识相结合的培养理念,对培养主体进行循循善诱的技能培养和人格树立,这就使得学生不仅是执行操作的生产者和构建人,并且摆脱了以往填鸭式的灌输教育,学生自发地锻炼、磨砺技术,而这正是职场必备的技能之一。最后,由于有相关政策法规和合同的保障,学生能得到岗位津贴和补助,这样大大增强了工作的主观能动性和成就感。

二、现代学徒制对高职院校职业教育改革而言是机遇也是挑战

当下国内用工荒的情况暂时还未得到缓解,尤其是高精尖人才数量严重不足的问题依旧存在。很多应用型技术院校和行业公司合作时,总是一头热。此时,我们或许应该通过研究欧美区域的应用型教育模式,依靠其前车之鉴来推进专业人才的技能等级提升和社会相关领域长期发展进程,推进应用型院校升级改革,走升级版渠道。另外,从改革开放

之后，各行业单位都把应用型院校的操作课程纳入日常生产活动当中，不断积累相关的教育教学经验，这对现代学徒制的长足进步是十分有利的。

（一）发达国家普遍选择现代学徒制作为促进经济发展的战略选择

在经济普遍下行的趋势中，很多欧洲国家地区过去独霸一方的局面逐渐开始消退，衰落更多地取代了繁盛，成为一个普遍的现实。要想对抗这一颓势的蔓延，稳增经济效益，必须要让企业招收一些有能力的技术性人才作为用工的保障，这也就是为什么现代学徒制被很多地区接纳。同时，在相关理论研究中，对发达国家现代学徒制的政策进行梳理，会发现他们的成功与政策制定密不可分。以英国为例，相关部门曾提出，实现这种应用型教育模式长期发展，且让相关合作企业单位受益，符合其对相关专业人才的意见，对于英国经济发展有着重要的意义。要想让毕业生在人才市场的竞争中更有优势，必须给其一个缓冲期，也就是实现应用型院校—教育机构—行业的循序递进。一些国家的相关政府部门和行业相关协会等机构合作，共同签订项目计划，使出全力把现代学徒制应用型技术人才培养模式作为开辟人才选用道路的强大武器。

除了以上提到的几个区域，如意大利、英国以及其他发达国家把走应用型技术人才培养路径列入议题当中，澳大利亚就是其中之一。远在地球另一端的澳大利亚，其实施现代学徒制的历史也十分悠久。2011年，21世纪专家小组向澳大利亚高等教育部，技能、工作和劳动关系部上交了《一个共同的责任，面向21世纪的学徒制》最终报告书，进一步深化新学徒制改革，实现用"技能武装澳大利亚劳动力"。

如何打破僵局，让中国各个方面的发展更上一层楼，这是当下最重要的课题之一。要想有所突破，让社会经济加以转型升级，得到长足进步，技术人员的实际操作和改革目标缺一不可。想要打破这一局面，让应用型专业人才培养的道路更加平坦，就要从专业培养入手，从应用型教育本身着手，同时对西方先进国家的应用型教育方法和路径做深度剖析研究，从理论的角度发掘其中能为我们所用的方式方法。

（二）现代学徒制办学层次的上移成为普遍趋势

和过去的应用型技术教育模式大相径庭，现代学徒制除了对技术的磨炼有很高要求，还把学生的技术和道德观、价值观等复合型元素纳入人才考核当中。于是，世界各地的应用型教育都在不断地强调，要打破学校教育和应用型技术教育之间固有的壁垒，把两者紧密链接在一起，如此一来，不仅培养学生的专业知识，也提高了现代学徒制的吸引力。以欧洲国家为例，本世纪初，应用型教育机构就引进了现代学徒制。譬如说意大利，该国的年轻人在经过应用型教育的培训之后，可以取得相应的学位。此外，意大利还对专业技能方面的高等级人才做出政策上的通知，以适应其在当下的人才市场中能得到权益的保障，就连博士后都在政府相关部门的优惠政策对象当中。一些发达国家的相关研究表明了这样的观点：那些对应用型技术正有兴趣的人，就是其潜在的教育对象，当面对学徒制时，或许会存在因为自己内心的成见作祟，或是担心拿不到高等级的学历而退避三舍。然而，当下很多发达国家，早就开放了技术性人才学历获取的通道，他们能和其他普通专业的学生一样，拿到自己应有的文凭，同时还是专业能力的证明，这种结合显性知识与隐性知识的文凭代表了学生的双能力和复合型人才的定位，大大增强了其就业竞争力，缓解了地方上的就业压力。这一举措让教育公平被发扬得淋漓尽致，让对应用型技术教育有兴趣的学生更加坚定走这条道路的信心，同时，还能让本国应用型教育教学走良性发展道路。

在有多年现代学徒制应用型人才研究历史的欧美地区，已经深入实现了把应用型专业教育紧密结合高等级学历学位的深造，甚至连硕、博都包含在内。由此可知，过去传统观点里认为应用型职业学生相当于普通劳工的错误认知，早就应该被摒弃。当下的现代学徒制人才培养模式，迥异于所谓的技术速成班，反而以一心一意、专心致志地培养高等级、高级别的技术大师为追求的目标，而这类人才也同样是用工荒里最匮乏的。目前，中国的应用型人才培养模式构建还在初步完善阶段，还需要有长远的眼光和有目的性地制定相关政策和法律法规，保障现代学徒制应用型教育可以长期、有效地培养出大量高等级人才。重视对专业素养的培养，是今后现代学徒制必将走，也十分可行的途径，同时也是构建中国特色的应用型人才培养模式的内涵和外延，可以满足国内现代教育体系的基本要求。

（三）传统学徒制为建设有中国特色的现代学徒制度奠定了基础

参照欧美地区的应用型专业人才教育模式，让中国的应用型人才培养体系构建少走了很多弯路，也取得很大的成效。同时，在中华人民共和国成立初期相关政府部门就制定了规章制度，让传统应用型教育走进行业企业，走进生产车间，为现代学徒制体系的构建奠定了良好基础。50多年前，就有一条专门面向相关行业内单位的规定。凭借该法规要求，实现了行业内有多年经验的技术人员，开展速成班形式的师徒结对模式，这一途径大大缩短了应用型技术人员岗前工作所需的时间、精力。该条例还规定，必须调整、拉长培训技术人员的时间，同时不能发放过高的薪资，避免人民群众一股脑投身于工厂车间。50年前，行业单位一般都在工厂车间内锻炼其学徒的专业技术。值得注意的是，由于普遍没有文化和学历，此时的员工是纯粹的劳动阶级，这样就更加依赖于行业单位，一般很少有人会辞职离开岗位，而是基本上把一辈子时间都用在这一个工作上，大大降低了行业单位的相关花费。

　　30多年前，政府相关部门发布了一条与应用型教育有关的意见，其中包含了对应用型技术人员教育的各方面理解以及具体的形式内容和规定。在当时，施行的是所谓的生产现场学徒制，也就是说，应用型技术人员是由国家统一划分，派到行业单位内上班，尽管在福利方面尚且不足以与别的人相匹配，可是重点在于这种人员选派是不可逆的，分到哪里就在哪里做工，企业无法拒绝。这样的情况导致了行业单位无法招到有一定技术基础和经验的工人，必须把政府分配给自己的人用起来，但是真正要用，还得先对其进行系统的技术培训，没有其他更好的选择。据此，在政府相关部门发布的新规章制度当中，提出对当时的劳动法和应用型教育制度进行调整，让人民群众上岗前先进行培训。此外，还从一些发达国家学习了相关法律合同的机制体制，大大地颠覆了以往的应用型人才培养模式，同时也对相关行业企业招收员工的机制造成了史无前例的影响力。而应用型专业人员过去划分的从一到八的级别制，也逐渐演变为专业等级制。从这个时期开始，行业单位已经难以自产自销出高级别的应用型技术人才，锻炼高级别人才的重担慢慢转移给了相关的应用型院校。自此，现代学徒制渐渐取代了传统学徒制。

　　随着传统学徒制的消退，由于行业单位还是存在用工荒的问题，于是，为了改善这一现状，20世纪90年代，政府相关部门下发了学徒制的相关规定，建议让行业单位内的专业技术大师带头，实行具体的初级技术人员培训活动。其目的一目了然，就是让这些行业企业内的高级技人员成为应用型教育的主要师资力量,充实应用型教育的培训制度。尽管出现了重重困难阻挡了这种行业专家培训技术人员的制度施行进程,行业机构也没有对其有所侧重,但是归根结底,国家依旧需要推行应用型技术人才培养体系来推动社会经济的发展。综上所述,目前施行的应用型技术人才培养模式不是空穴来风,而是依据旧制,有据可循的一种培养方案。

三、现代学徒制发展对职业教育课程改革具有重大的启示

(一)学徒制的演变对现代学校教学内容的启示

应用型技术人才培养模式早期是由人类原始劳作得来的,这是一种手口相传,并且直截了当的学习方法。随后,有了师傅带领徒弟进行技能学习的方法。接下来就是应用型技术人才培养的相关机构和学校对学生进行系统化的训练。最后,逐渐演变成当下的现代学徒制人才培养模式,其中包含了显性知识和隐性知识的塑造培育,可谓是一次漫长而又剧烈的嬗变。但学徒制经历不同发展阶段,这其中有它的必然性,仍然有一些教学是现代学徒制的培养过程中难以实现的,以下将列举出来进行逐一分析。

1. 技术性知识

18世纪后期,在西方哲学家之间有一个著名的命题,即"什么知识最有价值"。从那时起,教育学中出现了一个重要命题,也就是对"知识"这一概念的看法探讨。有一派别的人认为,最有意义的当属科学方面的学问和研究。然而,这个命题没有答案,并且跨越了时间和空间的限制,出现在任何国家的教育工作者的研究中。从课堂教学的安排设置角度来看,非技术性的专业往往侧重于告诉学生所学知识的概念和内涵,并且阐释其理由依据,是关于"是什么"的教育;与之相对应的,技术性的专业则是把所学知识的概念和具体操作方法放在了同等重要的地位,是告诉学生"做什么"的教育。由此可知,两种相对应的专业类型,其课堂教学安排迥异,这也是通常所说的职业教育和普通教育的差别之一,其中心和重点在于人。综上所述,如果课堂安排只有普通的理论知识就和了解专业之间存在很远的距离。理论知识当然是课堂教学重要的一个

元素,所有的生产和深造学习都必须有理论知识做铺垫,但是技术性知识的介绍也同样重要。因此,课堂教学安排计划的负责人,需要把两者的重要性同等而视之,并且融会贯通,不能让它们变成"两张皮"。

2. 工作过程知识中的隐性知识

所谓的工作过程知识中的隐性知识,指的是应用型职业教育里手把手传授的非显性知识,同时可以看作实践活动里得到的知识。这样的默会知识对专业技术及科技领域都有裨益。譬如说,专业的文化和内涵、达成目标的意志力、无法用语言描述的经验方法、专心致志的敬业精神等,上述的种种都无法和显性的理论知识类似,不能够用书本教授,通过语言将知识传递给学生。隐性知识恰恰是学生自身在不断地探索、钻研专业技术的过程中,慢慢揣摩、实践、体会,并且和志同道合者进行探讨和沟通才能获得。这种知识适用于应用型教育模式下的专业老师在实践中教导学生,尤其是当下,几乎所有的高等学校都涉及与专业技术有关的教育教学,然而技术领域内非显性知识的内容还是和学生隔着一堵厚重的墙,不易获得。如果学生服从老师的指挥,并且暗自较劲,专业技术的初学者也可以渐渐地学到真本领,甚至是超过老师收获更多的知识技能。由此可知,所谓的默会知识,需要无条件地观察模拟其他专业技术能手,在潜移默化中才可以习得。

这两类知识的培养可以称作工作过程知识的获得。但是只有把显性知识和隐性知识相结合,用实际操作生产中的方法和思路去学习知识,才能真正累积实践经验。在现代学徒制人才培养模式当中,教学和实践不分家,两者融会贯通,相辅相成,同时还应该让项目进课堂,教学到现场,把实践生产操作过程套用到学习当中。此外,由于应用型技术专业独有的特点,其教学方法和课堂内容安排都与普通专业不同,所以教学模式的路径构建肯定有其自身的独特要求和特点。

(二)现代学校教育中教学方法的选择

在现代学校中固定教育职业的规定内容应该随着其教学方式而做出必要的修改,若用以前的灌输式的讲授法势必会影响教学质量和效果。教育职业的目的是让它的研究者成为学习的追随者,在一系列关于开展教育工作的过程当中,使这些研究者在自我身心中自我学习和体会,在实践的过程中学会自知自学。而教师则是这些学习研究者们在求学求知过程中的一个向导和指路人。至于教学方式上的取舍和修改，编者自述己见则是以促进研究者或是学习者在求知的道路上德、智、体、美、劳全面发展为第一要务。那么这一方式的特征是：在求知的过程中，研究者们之间进行的交流与共同进步，在实践中得到足够的实践经验，从而从一个理论者变成一个实践者，二者相互转换，以达到实践出真知的目的。按照这个方式进行既是一种得到真理的过程，也是获得实践机会的过程，学生表现出强烈的学习愿望。这样学生们内外兼修，通过互相合作的配合协助，学习研究的结果也会更加深入人心。如此，教师在整个过程中从主要教学者转化为教育学习的合作者，而作为指路人，他们所需要提高的地方往往要比求职者多很多。

1. 项目教学法

所谓的项目教学法是指通过师生之间的通力合作，实现完成相对庞大的数量或者规模的工作或者项目任务的一种教学方式，指代一些具有实际教学意义和实现教学成果为要务的活动。它的特征如下：在该项目活动中是可以运用到现阶段的学习内容，是有一定的教学价值的；能将教师教学过程中涉及的一个专题或课题的理论知识与实践活动能力相结合；这与商业前期的策划方案和后期进行营销工作有必要的直接联系；在活动过程中学生完全有足够的时间合理安排符合自身的工作方法；在最后有详细的成果展示或汇报；在项目活动会有一定程度上学生无法及时解决的问题，但是学生会通过自我调整和自我改良攻克重重困难；在最后结束时，由教师和学生共同分享和讨论活动工作的成果。

2. "引导文"教学法

所谓的"引导文"教学法，其目的就是提高学生的自身学习能力和检验当前的学习成果。在此要说明引导文就是引导课文，它的要务是使学生建立起知识与实践能力的关系，通过教师的指导，让探究者对现阶段需要了解的知识和需要锻炼的技能有更加明确的认识。"引导文"教学法的特征是：教师带领学生通过引导课文中的问题进行自我锻炼的探究式学习，掌握绝对实用的专业知识技能，从引导课文中探究建立出切合实际的有关知识框架，最终理论和实践能够真正做到对立统一；引导文成为其获取信息的一条新渠道，这其中还融入了学生的深入思考，这样一来，学生的能力尤其是面对新问题时应对及应变能力也相应有所提高；该教学法还实现了对以计划和决策等为重点的能力培养；虽然在这个过程中充满了枯燥无味而且耗费时间较长，但结果其实是可以从中培养学生自主学习探究的积极性。此教学法的出发点是为了更好地培养学生的独立解决问题的能力，而教师方面的瓶颈是在整个过程中都作为旁观者的角色出现。

四、现代学徒制模式的实践价值

1. 学校和专业的影响力切实得到提升

现代学徒制的教学模式，决定了企业和学校之间密不可分的关系。为了能够取得最佳实效，和那些有影响力、知名企业的合作，也是学校长期以来努力做的事情。因为这些企业本身的影响力足以吸引更多的优质生源到学校学习，而学校也乐意输出更多企业所需要的技能型人才。这样，学校实现了招生和就业的良好发展势头，由于品牌特色专业的打造离不开优质生源的支持，而这样一种方式无疑借助企业和学校间的合作提升了学校的影响力，这样就更为打造专业品牌奠定坚实的基底，提高专业的知名度。

2. 专业人才的培养质量大大改善

在现代学徒制这样一种较为新颖的教学模式中，学生的适应能力不断增强，由于要不断到企业中顶岗实习，就会增加与人打交道的机会，这样，学生们的社交能力也在不知不觉中有所提高。但是实际生产操作会面临很多的特殊情况，学校中的仿真实验室等的设置，虽然一定程度上促进了学生实践能力的提升，但也不可能百分百能做到与现实环境一模一样。此外，一旦进入工作状态，就有定责的问题扑面而来，不专心致志提升职业水平和能力素养，很难在社会上、在行业内站稳脚跟。上述原因就在一定程度上刺激学生以更加认真的态度投入到学习过程中，最终推动学生不断进步，提高专业人才的培养质量。

3. 校企双方减少实际投入

现代学徒制带来的实际好处还有学校和企业各自的投入得到相应程度减少。这一点，在设备设施的使用上表现最为突出。现代学徒制的推行，节省了学校另外进行设备采购所需要的费用。同时，针对有些设备设施可能存在买不到的情况，现代学徒制的实行也帮助其避免或者减少这种状况发生。

另外，从人员配备方面讲，鉴于学徒制教学模式的运行，学生在企业学习过程中，既不作为实习生身份存在，也非企业的正式员工，这样一来企业只需要支付学生的意外伤害保险，免去了前面两个身份存在时的相关费用，在为企业节省支出的同时，带来了间接利润。

4. 培养的人才符合企业的需求需要

显性知识和隐性知识融会贯通，对具体问题提出具体的解决方案，对学生和学徒这两个截然不同的身份进行双标准的体制管理，对课堂教学内容实现有建设性的安排和规划，不断研究、更新最前沿的科学理念和方法，依据行业企业的标准来制定评估体制。这样的背景下，培养出来的学生就会有足够强的专业素质和道德观，更加满足了企业的实际需求需要。

第三章 学徒制的历史渊源与衍变

第一节 西方学徒制的发展历史

一、前学徒制

从有人类的文明记载开始，劳动教育其实就已经开始存在了，当时的人类祖先尽管没有完整清晰的概念，但是，父母教导子女通过最基本的模仿等学习方式去习得基础生活技能却是普遍的做法，这也可以说是最原始的"学徒制"模式。原始社会，囿于低下的生产技术条件和生产力水平，社会的职业分化区分十分细微，可以说，农业几乎独霸原始社会人类职业领域，除此之外，其他的职业几乎不存在。加之当时世袭制度仍然是原始社会范围内普遍执行的制度，其中在用人和具体标准要求及实施方面有着严苛的规范要求，上述这些因素就直接或间接造成了当时人类职业教育的范围大都还在家庭中，存在的也仅仅是家庭间父母与子女的口耳相传之方式。

人类历史进步的车轮滚滚向前进，生产力开始实现进一步发展，直到青铜器时代，铜器铸造工艺开始被应用于工具或者武器的制作生产过程中，如此一来，手工业像雨后春笋般迅猛发展。单纯的血缘关系显然与现实生产力发展水平和社会分工的需求产生巨大的矛盾关系，进而促使职业教育冲破家庭范围的藩篱，以一种最本原、最原始的方式实现更多人技艺的传承发展。传承的对象不再仅仅局限于自己家的孩子，而是有意选择那些有潜力的小孩，将其认作自己的养子，把职业技艺传授给他们，不仅使养子们能够有所收获，可以更好地满足生存生活需要，而且能够实现技艺的传承，也推动了社会生产的进步发展，可谓一举多得。目前可知的最早关于学徒制的记载见于青铜时代末期的《巴比伦法典》，该法典明确记载"如果有手艺人招收养子并教他手艺的话，任何人不得反对。该法典同时还规定"养父如果不兑现传授技艺给养子的承诺，就必须将养子送回到其亲生父母处"。可以说，这个法典的颁布，第一次以文字的形式对当时已经存在的法规或者习惯进行了相对明确的规定。有专门的研究者认为，深受宗教信仰和习惯的影响，早期人类社会即通行为了技艺的传承招认养子的做法，但同时，作为养父的手艺人要肩负起传授技艺给养子的责任，另一方面，养子也要认真接受技艺的学习及指导，同时还必须要终其一生坚定承袭养父的事业。

在古代，这样的学徒制原始形态俨然成为普遍存在的社会现实，成为当时主要的职业教育存在形式。尽管存在的国家、地区有所差别，但在早期出现的古文明当中却都能发现类似的记载。可以说学徒制充斥着早期职业学习的各个行业领域，鞋匠、木匠、中国的中医甚至是古罗马与希腊的雄辩家和法律人才全都离不开学徒制的培训。但是基于当时人们并没有形成较为完整且明确的"学徒制"或者类似于"学徒制"的概念或词语，同时因为学徒制的存在形态还极具浓郁私人性质，基于此，本书将上文中提到的学徒制界定为建立在养父子关系基础上的"前学徒制"。

值得一提的是，前学徒制——这样一种在人类社会早期就已经存在的教育形式，出现的时间几乎更早于任何一种其他的学校教育形态。查阅有关史料，人们会发现，最早的学校形态可能产生于青铜器时代后期。字母表即由当时的埃及人首先创造出来，其后又发明了笔、纸草。正是由于这些发明的出现，刺激和诞生了能够进行书记员培养的学校，该类学校出现的时间大约是在公元前 2000 年到公元前 1200 年间。当然，一个很有趣的现象就是，当时社会中的书记员不仅仅完成基本的教学任务，同时还进行着一定形式上的学徒制训练。学生在学徒时，往往会跟随那些有丰富经验的书记员进行学习，这些人多是政府人员。在当时的社会环境影响下，王室贵族和处于中产阶级的人们热衷于把孩子送到这样的学校去，他们认为通过这样一种方式，自己的孩子不必发愁工作的事情，并且在当时的人们看来，书记员也是具有一定社会地位象征的职业，非常值得选择。可是，这种现象到了铁器时代和希腊文明时就发生很大的改变，生产技术的不断更新变革使生产力得到更进一步发展，等级制度的深入巩固实施，学校自身也在发生变化：它逐渐转变为一个专事传授文化知识的地方，最典型的就是七艺。那么，工匠培养的方式与场所更多地通过两个场所进行，一是在那些具有二等公民身份的家庭中，另外就是仍旧依靠最原始的学徒制模式完成培养任务。

最早的关于古代学徒制的原始形态记载，包含了实施的具体内容以及方式等，概况的了解大都源自已经发现的埃及废墟和坟墓中存在的纸莎草记录。人类的考古活动在这一方面有所收获：在这里存在有9种与学徒制有关的合同，出现的时间在公元前18世纪到3世纪之间不等。从这些可找到的资料中，人们尚未发现"学徒制"这个词的存在，也就是说虽然当时已经存在了原始的学徒制形式，但完整明确的概念在当时并未形成。通常情况下，孩童到了13岁便可以成为学徒，但是"满徒"的年龄无迹可寻，因此到现在仍不为人们所知。在所有行业技艺中，人们特别规定了纺织学徒合同期限为1~5年。还要注意的是，学徒要想完全独立，就必须要用1~2年进行精心的准备。同时，一对多的教学模式在当时也已经是被社会广泛接受的，只要觉得合适，师傅就可以将学徒招收进来，在人数上没有限制。通常，学徒们的吃住依然是在自己家中，尽管如此，师傅却要有一笔费用专门用于支付学徒父亲或者监护人的衣食开支。

综上，前学徒制的基本特征就逐渐明晰起来：

其一，学徒制制度并未完整、明确。由于是学徒制的雏形，这一历史时期的学徒制形态呈现出对时间、资格、方法等有关于学徒规定的不明确性特征。此外，还缺乏外在的监督，也就是说，这一阶段并非真正意义上的学徒制"制度"，或许采用一些学者"私人习惯"的说法来界定这一时期的学徒制更为准确恰当。

其二，建立在以养子或者亲子关系为纽带的家庭关系基础上。一般情况下，师傅的亲生儿子或者养子皆可以成为其学徒。鉴于这个前提，就存在着一种颇为亲密的家庭关系，当然师生之间的关系也就更加融洽。此种方式避免技艺秘诀遭受外泄的威胁，但另一方面，却局限了技艺自身的深入传承。

其三，生产与学习两个独立的过程实现了完全意义上的融合。学徒可以在完成学习任务的同时从事生产活动，将理论和实践有效结合，成为一种真正意义上的工作本位的职业教育方式。

其四，模仿和试误成为基本的教学方式，导致的结果就是学徒的学习效率相对低下。由于非计划性职业教育方式的存在，学徒惯常通过对师傅的模仿或者自己进行试错方式来习得技能。

其五，均衡培训技术和道德教育之间的关系。这与现代意义上的高等职业教育教学理念一致，师傅在传授学徒技能与工艺的同时，还要不断向学徒们传递社会的基本行为道德规范，如此，帮助学徒做合格的公民。

二、手工业行会学徒制

现在大多数人普遍接受的一个事实就是到了中世纪的后期，学徒制才开始正式走向制度化。而"学徒制"这个词正式使用则起始于13世纪前后。1261年，"学徒制"这个词被用在英国伦敦的马具师行会上。十多年之后的1276年，同样是在欧洲，在普鲁士的奥格斯堡所颁布的城市法中就对学徒制度做出了相关规定。可以说，上述提到的都是可以找到的最早的关于该现象的资料。中世纪的行会与该现象的发生发展存在着密不可分的联系。

中世纪发展到一半时间之时，受到衰亡的罗马帝国的影响并且时值日耳曼民族开展大规模的迁移活动，上述事实就导致了人类文明进程中又一个巨大的变化，即希腊和罗马这两个曾经一度繁华的人类文明，其城市文化面临着被推翻走向没落的境地，此时的生产又一次被迫返回到被局限于农业耕种的状态中。贸易方面则呈现不利于经济发展的严峻形势，自给自足的经济形态，仍然占据着人类生产过程中动摇的主要地位。可是，到了9世纪左右，经济形态发生了变化，由粗放状态向集约化形态转变，占主要地位的即为封建制下的庄园式自然经济，此时，社会生产力也实现了进一步发展。另一方面，随着社会持续增加的剩余产品，城市手工业呈现良好的发展势头，家庭作坊，自然就成为当时新的主要生产方式。到了中世纪后半期，城镇成为不同阶层的人们大量涌入之地，商人进行零售、批发活动，同时通过实物交易的方式，提供从事手艺活的工匠和艺人们所需要的产品和服务。

行会及其制度此时顺应历史现实发展趋势开始出现。当时的商人们第一次建立了行会，以此来实现对利益的有效保护。紧跟其后，手工艺人迅速开始行动，筹建可以实现对生产数量与数量控制的专门的手工业行会，通过这种方式减少竞争带来的冲击。除此之外，被招收进手工业行会的学徒们还可以接受比较全面的培训，这也是其创新之处。总体而言,西欧国家的行会具有 4 个基本特征:① 行会凸显出一定的工会制度的性质特征。加入行会的成员本身就是行会的核心,前提条件为一定生产资料的占有,尤其是对能够进行生产的工具的占有和使用。同时,他们所从事的经济活动也具有明显的独立性质。② 此时的行会经济已然踏入商品经济的轨道,进而摆脱了具有一定局限的自然经济状态,那些在手工业和商业行会之间"穿梭"的生产者们还多了商人这个身份的存在。与之存在明显的不同,行会时期的手工业者与市场之间不再存在直接联系,而是要借助商人的力量最终进入到市场当中。③ 内部分工不再存在于单个生产单位之中。由于小作坊成为行会生产的最基本组织形式并且里面的人数有限,所以并没有对人员的具体分工。④ 这一时期的行会大体可以被看作一个封闭性质的组织,并且能够享有封建特权。这样,行会对内对外都形成了自身的特点:一是在处理对外的关系上,享有得天独厚的垄断地位权力;二是面对内部成员,实现了强有力的内部监督管理。由此,行会成为城市生活中一个不可或缺的组织元素,它的诞生具有关键意义:学徒制从"前学徒雏形"转变为制度形态,成为至关重要的转折点,同时行会的管理范围也多了与学徒制相关的内容。以此为开端,学徒制逐步迈入由私人性质向公共性质过渡的崭新时期。

中世纪,行会组织设立了严格的等级制度,以促进自身的规范发展。依据身份的不同,所有从业人员被划分为 3 种不同的等级身份,分别是学徒、工匠以及师傅。师傅的主要任务在于对学徒的招收和培训,培训包含技能技艺方面以及公民的基本道德层次,同时徒弟的衣食住行也要由师傅负责,只有得到师傅允许同意其请假后,学徒方可离开。学徒一旦结束了自己的学习,他们的师傅便开始履行向行会提出申请的义务,那些合格的学徒就可以升级身份称谓为"工匠",但此时的学徒仍旧必须要接受低廉的薪水,在师傅那里继续服务若干年。一旦工匠能够生产创作出可以称之为"杰作"的作品,就会获得"师傅"的称谓。而如果其生产创作的物件获得了师傅和行会委员会的双重肯定,就会被正式授予光荣的"师傅"称谓。师傅具有自己的明显特质和优势:他们身兼独立的手工业者和行会成员双重身份,同时拥有公民权,能实现独立的经营活动,也可以逐步开始招收自己中意的学徒和工匠。

行会实现控制和管理学徒制主要从以下几个方面着手。

1. 制定一般性的管理规范制度

具体包括：① 对师傅与学徒间签订的书面契约的供给。② 明确学徒制的最低学习年限。其中，欧洲大陆一般是 4 年左右，但是作为工匠的服务期要略长，规定只有具备合格资质的师傅才可以进行契约式学徒制的供给，还规定那些完成了学徒期并且同时得到师傅和行会认可的学徒才最终能够从事该行业。③ 对师傅超额招收的学徒数量有明确限制。通常情况下，禁止超额数量为 1~3 名。④ 甲师傅不得以任何理由引诱其他师傅的学徒，除非出现雇用工匠助教的情况。

2. 教学指导与监督

为了便于统一管理监督，对师傅的教学内容，行会有时会直接做出相应的规定，例如，伦敦钟表匠行会就曾规定，行业内的每个人要"在教授学徒时，都应该严格按照已有前辈方法进行，学徒应该每天待在家里。同时，师傅本人或其工匠要传授基本的铜或银箱盒的制造方法，还要让学徒们学会如何进行钟表（弹簧）、计算工具等其他特殊部件的生产制造"。也有另外一些行会并未对师傅所教授的内容有直接明确的规定，但这并不意味着他们不再进行教学情况的监督检查，而是会采用另外的方式进行。英国考文垂制帽者行会师傅长每年都要例行公事般周游相关城市，以此检验学徒们是否从师傅那里接受到了合适的教育教学内容。

3. 对学徒的严格考核与审查

要想真正成为工匠并不是一件十分容易的事情，在这之前学徒们还要接受行会的严格考察。一开始，学徒们需要做的就是证明自己有能够传承师傅技艺手艺的能力，但是发展到后面，行会几乎达成共识，对学徒的考核更加严苛，要求他们必须接受了行会的师傅或者长官的检查，且得到他们对从业能力的肯定证明之后才算考核通过。经过这般严格的考核，行会也实现了对已经"满徒"的学徒们的再次审核，对他们的手艺进行考验，这均源于他们对于内部成员能够实现生产更多质优产品，从而获得更多收益的迫切愿望，当然还与当时的人们想要屹立于行业或者手工业中不倒地位有密切关联。

然而，当涉及具体细节过程，例如教学方式之运用等，此时的学徒制并没有产生与前学徒制的本质差别，直接的观察与模仿仍旧是其采取的主要方式。与此同时，小作坊的生产存在方式才实现了前学徒制教学方式的延续，但是小作坊本身不需要也未存在分工，师徒共同工作也就很普遍了。而由于当时的学徒总体数量仍比较少，因此，一个师傅带着一个徒弟完成技艺传承也就很容易实现。

谈及具体的师徒关系，明显的家庭色彩特征在此时的学徒制身上凸显。一方面，他们要接受技艺手艺的学习指导，同时还要完成种种家务活动。很多学徒是以师傅养子身份习得手艺，还有另外一些人最终成为师傅的女婿。有专门的学者认为，除了本身想要提升生产力从事手工业服务外，因为没有儿子想要收养子、希望自己的手艺可以被传承，从而能够后继有人等也是师傅进行学徒招收的动因。

到了13、14世纪，学徒制已经达到巅峰时期。细究人类中世纪后期学徒制能够被广泛普及应用，并且取得很大胜利，主要原因可以归结为以下3点：

第一，生产方式为家庭小作坊式，这是行会学徒制能够获得人们青睐并取得成功的最关键因素。受劳动力数量限制，生产工具也变得十分有限，这样师徒就需要进行工艺流程的全部参与和实际操作。基于资本在这一阶段仍旧没有成形，劳动力与基本的生产要素之间的关系还没有实现完全的相互脱离联系。所以也就没有形成普遍意义上的呈现对立态势的雇佣劳动之关系。第二，采用这样的方式具体运用到教学与生产商，可以说一定程度上可以实现师傅与徒弟二者的双赢目的：学徒通过自己劳动获得的报酬实际上都上交给师傅，归其所有。师傅更加希望自己的学徒可以具备更加娴熟优质的技术能力，从而在帮其干活减轻自身负担的同时让学徒们承担更多的责任，干更多更好的活，最后让生产出的产品也就更加具有竞争优势。成为师傅是学徒的最终目标，本着能够学以致用，收获受益终身的真正本领目的，学徒十分乐意刻苦勤奋并且积极认真地完成学习任务。第三，学徒制的成功与行会的监管密不可分。具体体现在行会管理监督学徒制的各个方面的层次内容，同时做出较为详细完整的规定，这样一来，由于它的权威性，市民在得到它的认可之后也可以从事希望的职业。同时，采取行会作为第三方介入的方式，学徒制的滥用现象得到了有效控制，不仅为职业技能的培训提供相应保障，而且为产品的质量保驾护航。

概述这一学徒制的特征，主要表现为以下几个方面：第一，行会对契约有了详细规定，具体为对师傅资格的审核考察、教育教学内容、学徒的学习年限、怎样才算"满徒"以及社会的伦理道德等，上述种种都有明确而全面具体的规定。第二，存在着建立在契约基础之上的师徒之间相对亲密关系。尽管总体看来尚如此，但是，这样的契约形式却在不知不觉中改变了师徒之间的关系，从初始状态的亲密无间变为雇佣和被雇佣的关系。第三，教学方式未发生深刻变化。这段历史时期的学徒制在教学的方式上并没有发生本质上或者其他层次深刻的变化。第四，学徒制的学习时限持续时间长。一般情况下，7年为学徒期，就实际情况而言，学习技艺的时间并不一定非要达到7年为止，这项规定主要是为了控制经济独立师傅的数量，从而减少和缓冲竞争带来的压力。

三、国家干预的行会学徒制

随着技术进步和社会的发展，欧洲在16—18世纪经历了一个过渡时期，实现了从相对单一简单的封建经济向更高层次的资本主义社会发展，也是在同一时期，震荡不安的因素充斥在当时的政治、经济、社会各方面，学徒制受此影响，开始陷入挣扎、不安中无法自拔。

（一）手工工场生产方式对行会学徒制的影响

在实现生产方由以个体家庭作坊为主向集体的手工工场为主过渡过程中，学徒的生存能力自然也面临现实的考验。

在原始封建社会中，手工业生产最基本的单位即为家庭手工作坊。在这其中，师傅即为作坊主，对具有私人性质的生产资料和工具有着至高无上的拥有所属权。工匠和学徒并不能作为其生活来源的主要劳动力存在，他们能做的就是帮助缓解师傅的压力，适度增加收入，师傅本人从事的手工劳动才是最终生活来源。实际情况是，学徒与工匠的微薄薪水只够勉强维持生计，从这个意义上说，师傅与前两者之间没有形成资本主义性质的雇佣关系。伴随生产技术的革新，生产力得到提升，同时在这段时期也产生了因对外掠夺和贸易扩张而带来的原始的资本积累，上述种种因素促成了以手工式生产劳动以及分工协作式为基础的手工工场生产方式逐渐代替原有的家庭作坊生产方式，资本主义生产状态于此便露出端倪。分散式和集中式是最主要的手工工场生产存在方式。分散状态下的生产依赖于商人和小手工业者之间的关系，商人把原材料给小手工业者,通过他们进行加工以及分散的生产,但是生产工具依旧为手工业者所有,实现和保持了相对独立的经济地位。集中式生产则与之不同,同样依赖商人的作用,劳动者进入到大型的作坊当中进行集中劳作,同时实现了生产过程中的简单分工。所以说,这样就相应造成两方面影响:首先是原先一度存在的稳固亲密的私人师徒关系被打破,新的具有利益冲突的雇佣关系转而形成,导致的后果就是更多的师傅愿意将招收的学徒仅仅看作可以被使用的廉价劳动力,而非传统习惯上的私人关系。其次则是对学徒制自身的教学活动的减弱,师傅不再像以往般全程参与生产过程,加之简单的内部生产分工方式的存在,也就造成了学徒没办法再像往常一样获得更加多的机会去观察和模仿师傅技艺,甚至是获得师傅一对一的技术讲授与指导。

(二)"圈地运动"对行会学徒制的影响

"圈地运动"的出现是人类发展史上一个重大的事件。它所造成的种种政治、经济和社会上的矛盾冲突,将巨大的冲击和挑战摆在当时的行会学徒制面前。

"圈地运动"发生在15世纪末16世纪初的欧洲地区。当时恰逢印度开通了新航线,美洲新大陆在此时也被发现,在这两种前提的刺激下,欧洲实现了对外贸易方面的飞速增长,造成的直接影响之一就是在羊毛出产及出口还有与羊毛相关的产业上,都得以迅猛发展。由此,在以英国为典型的欧洲地区,引发了后来被称为"羊吃人"的"圈地运动"。它的发生引起了欧洲地区的生产上的"蝴蝶效应",因为该运动造成农民大量破产的现状,这就迫使他们不得不离开原来从事生产的地方,进入到城镇或者到郊区继续生活生产。这样的局面则刺激城镇经济的迅猛发展,应运而来的是对那些手工业产品的需求猛增的社会现实,这样一来,就促使了市场面临着更加激烈残酷的竞争。竞争的范围不再仅仅局限于曾经风云叱咤的行会内部的成员,甚至那些破产的农民也不自觉地加入这个队伍当中。他们当中的一些人,选择投靠商人,接受前者的组织管控从而实现生产的目的,另外一些,则愿意到行会没办法管控的更偏远郊区完成私自的生产劳动,如此这般,就为以往直接介入参与管控的行会继续把控城市中的手工业秩序以保证其稳定发展,带来了巨大的冲击。原先一度通过学徒制纽带,可以建立的良好私人师徒关系已经逐渐被打破，师傅们开始更加热衷于将这种方式看作能够实现廉价劳动力雇佣的有效途径，学徒们本身也不再像原先一般热衷于行会的学徒制度。

从整个社会意义上讲，"圈地运动"加剧了当时社会的贫富矛盾。如何缩小由此带来的贫富差距，如何解决因为贫穷引发不同层次的社会矛盾，尤其是频繁爆发的农民起义成为政府十分头疼又必须尽快解决的难题。起初，强硬的政策法令的颁布是当时的封建王朝力图缓解甚至对抗"圈地运动"造成的一系列负面影响的做法，尤其是通过社会人民角度出发实现，具体体现在对城市当中的劳动力进行严格的限制，同时给予贫苦人家更多帮助以实现济贫目的等。但是当资产阶级最终通过努力将政权把控在自己手中之后，他们的态度就又发生了变化，由对抗转变为鼓励，实现了圈地的合法化，希望可以用这种方式将更多廉价劳动力输入到城市的建设发展当中。可以说，无论是先前的封建王朝还是紧跟其后的资本主义政权本身，虽然采取的方式手段有所不同，但是他们的愿望始终是一致的，就是希望可以通过一系列手段措施的实行，使得现实的贫困问题真正有效得到缓解，从而最终能实现社会的稳定团结。而在济贫这个现实迫切需要解决的问题上，学徒制又一次成为欧洲当局管理者们聚焦的目标。

（三）行会及行会制度也存在着弊端：腐败问题加速了传统
　　　 行会被瓦解的速度

行会之所以青睐学徒制并且将之建立完善起来，初衷就是严格把控关切于产品和服务的两个量，一为数量，二为质量。行会偏重于通过对从业者数量上的限制，实现生产的产品和服务上数量上的递减，这样就会导致物少人多的"卖方市场"的出现，进而达到有较高价格可以界定的目的。然而，这般现状在城镇兴起之后也就被改变，前者带来的结果就是不断激增的对产品和服务的需求，竞争愈加激烈。面对这种现实，师傅们不得不想办法来应对，而通过违反固有行会制度对于学徒管理中的有关规定，实现对更多学徒的招收，除此之外，把学徒当作廉价的劳动力就成为在师傅间悄然流行的做法。当然，还有一个问题同样是行会自身存在的弊端：行会在不自觉地发展成少数人行使特权的集散地，形成不利于发展的内在态势。凭借手中权力他们不断对成员数量进行严苛控制，就造成了那些想成为师傅的工匠们虽努力却时常徒劳无功的现象，因为获得应有的称号已经变得异常艰难，他们当中的有些人终其一生也没法完成成为师傅的愿望。所以，师傅和学徒之间的矛盾纠纷在当时已经是司空见惯的事情，常常需要借助司法力量才能解决。如此，曾经功名显赫能够发挥积极作用的学徒制逐渐走向下坡路，曾经辉煌的时光一去不复返，这时，亟待有更新、更高级的作用力实现对学徒制的再次规范及调整。

在上述历史和现实背景影响下，以 16 世纪中叶为开端，国家开始代替行会拥有对学徒制的控制管理权，通过出台立法的形式，国家实现了对学徒制的种种不同层次方面内容的干预。范例就出现在英国，早在 1562 年《工匠学徒法》中，就出现了对学徒制较为详细完整的规范内容。1601 年，当时的伊丽莎白女王新颁布的《济贫法》当中也有关于"教区学徒制"的专门规定。上述两种法案有两百多年沿用的时间，影响深远。德国普鲁士地区受英国影响也颁布了相关法令，后来实现了将对行会以及学徒制的详细规定增加到了国家一般法令中，同时在该地区实现了全面普遍的推行，以此扩大受影响范围。

实际上，在当时的历史背景下国家开始用立法手段实现对学徒制的管理，其目的无非有以下 3 个：首先就是实现对学徒制的规范管理，让其能够更好地发挥作用，当然，这样也可以缓解和解决师徒之间存在着的矛盾纠纷；其次就是从行业产业发展来看，能够实现对传统手工业秩序的有效维护，保证其向着良性方向发展；最后，则是通过济贫这种方式缓和现实社会存在的种种矛盾，从而稳定社会。总体来说，国家法令的颁布实际上也发挥着自身的作用，取得一定的成效。

然而，观察表面，人们或许会认为国家法令的出台意味着对学徒制的管理层次提升到了更高一个层次，其实不然，上述法令本身和它所呈现的实效，从更深层次看却显现出曾经被广泛普及的职业教育当中的学徒制正走向穷途末路。国家立法始终阻挡不了时代历史进步的潮流，阻碍不了当时社会不断积累和集中着的资本，阻止不了正以无法遏制态势迈向资本主义社会的西方社会前进的脚步，在这历史的洪流中，将手工业行会视作肱骨力量的学徒制，终究难逃猛烈的资本主义经济浪潮冲击下的厄运。

纵览全局，可以看出与行会控制下的学徒制相比，国家干预的学徒制与前者并无教学上的太大区别变化，但是以下两点除外：第一，表现在日益巩固加强的制度性特征。具体就体现在从国家层面实现了对学徒制的管理、监督以及控制,而不再是简单的行会层面管理控制,而通过法令的形式对学徒制施行适当管理控制,违反学徒制的现实成本增加许多,如此一来,通过国家立法就起到了遏制滥用学徒制的行为活动的作用。第二,则表现在师徒之间的关系实现了根本性转变,成为对立的雇佣关系,这是因为二者之间存在着行使建立在契约关系基础上的权利与义务关系,身份的对立也就不难理解。现实的资本主义扩张环境以及政府无法实施有效控制前提,让师傅虽然多了作为雇主和资本积累者的两种新的身份,但是原有的教授者身份再难以实现,更不用说教学质量的保证了。

四、集体商议的工业学徒制

尽管学徒制在职业教育中发挥的作用正日渐重新被人们认知,但学徒制的发展并不是一帆风顺的。发生在18、19世纪的两次工业革命就给当时的行会学徒制带来了几乎致命性的打击,受资本主义工业化浪潮的猛烈冲击,已经制度化的学徒制变得摇摇欲坠,几近于崩溃的边缘。但同时,却兴起了学校的职业教育,集体商议的学徒制尽管已经处于残喘生存状态,却想把握住最后的一线生机,以下几点历史现实背景则与之产生密切的关联。

(一)技术和生产方式的双重作用力促成了职业技能要求的巨大变化

16—18世纪是工场手工业独占风头、蓬勃发展的时期,尽管如此,依然存在着市场日益增长的需求与产品和服务无法满足需求之间的矛盾。英国第一次工业革命发端于1765年珍妮纺纱机的发明和应用,20年之后,瓦特改良蒸汽机的出现让人类真正进入"蒸汽时代",生产力得到极大提高;到了19世纪中后期,以电力为主要动力被应用到人类的生产劳动中,意味着"电气时代"的到来,这也是人类历史上第二次工业革命。这两次工业革命的发生,让人类的生活生产发生了翻天覆地的变化,特别是电的发明和使用,使得机器生产取代了传统单一人力劳动,原有的以个体手工工厂为主的生产方式被更大规模更加高级的工厂生产所代替。一般情况下，只有少数的岗位才需要具有技能水准的劳动操作者，多数都只是需要技术普通的劳动者，甚至不需要达到熟练程度或者非熟练者都可以从事生产。此时，某种工种的单一技能才是劳动者所需要的，并不需要像原先一样习得所有的工艺。因此，原有建立的"师傅—工匠—学徒—劳工或佣人"体系不断土崩瓦解，新的"领班—熟练工—半熟练工—劳工"新体系也就形成，但是从后者当中，很难再找到学徒的位置。很显然，曾经受到人们追捧并发挥过巨大作用的旧有学徒制此时已经适应不了甚至还阻碍了已经具备规模化了的集体生产方式，它成为雇主和劳动者的"弃儿"，不被两者所需。相反，在这个突如其来焕发出巨大生命力的大工业生产时代里，迫切需要有一种能适应现实状况的崭新的、可以完成数量巨大且快节奏培养具备初级技能劳动者的职业教育之形态的存在。

（二）学徒制原有的师徒关系基础在资本主义生产关系作用下被打破

与封建社会生产方式不同，资本主义生产方式下，劳动力转换角色成为商品，而生产资料则为资本家所占有，他们利用对劳动力进行雇佣的方式从而实现对剥削劳动者创造产出的剩余价值的目的。毋庸置疑，资本主义社会也存在着它自身最基本且无法避免的矛盾，那就是生产的社会化与资本主义私人占有之间的矛盾，从政治层面具体表现看，实际上就是资产阶级和无产阶级之间永不停歇的矛盾斗争。到了18、19世纪时，当时在商人以及手工业师傅之间兴起了一股热衷资本积累的潮流趋势，前两者对资本积累产生的浓厚兴趣，早已经超越了本应该有的学徒制如何更好发挥自身作用以及技艺传承上的关注。在当时，流行着这样一种说法，雇主们开始将学徒当成廉价劳动力的不二人选。同时，学徒们并不能再去接受技能的传授和学习，有些雇主也会倾向于妇女以及童工进行简单的生产，原因在于雇主们可以大大减少成本并且可以随时解雇这些人而不会受到限制。从这个意义上说，过去传统中那些进行技能传授的"师傅"在资本主义的生产关系下已经荡然无存。那些取得高级技能的员工们也会将自己的技能交给学徒，充当"师傅"的角色，但是由于不是合同中明确规定的义务，教会学徒就会存在一个潜在的危机：学徒们可能青出于蓝，超越他们并有代替他们的机会，所以，通常情况下，前者往往拒绝将自己的看家本领教给学徒。

（三）中产阶级和无产阶级要求民主、接受正规教育的呼声日益高涨

在当时的历史背景下，基于乡村人口向城市大量涌入的现实和正在兴起的自由主义之风，人民的民主主张空前高涨且日益扩大。在这之中，教育特别是学校教育很快进入到人们的视线中，正是由于通过教育人们可以实现更佳职业选择，实现更好的职业发展之路，同时教育还是人们得到较高层次的经济社会地位的有效途径。在这样的前提下，无论是中产阶级还是无产阶级都热情高涨，共同呼吁社会公民可以享受正规的学校教育。

这其中，启蒙运动就成为一个重要的标志性事件，在人类历史特别是教育史上留下浓墨重彩的一笔。该运动发轫于18世纪的英国，在法国迅速盛行，后来全面席卷整个欧洲地区，启蒙运动强调主旨在于"天赋人权"。政治方面，该运动对资产阶级政权持积极支持态度，文化方面，则特别强调和提出了要普及教育的理念。声势浩大的启蒙运动令当局者不得不重新开始考虑普通家庭子女的受教育问题，让他们能够平等享有相应的接受教育的机会。就这样，长久以来纯粹意义上的学术教育功能被打破，范围扩展到了职业教育当中，这几乎也成为能够实现当局者们既满足社会对子女接受学校教育需求，同时又实现对学校现有资源的最大化有效使用的双赢局面的最好方式。

（四）职业教育理论与实践的发展为学校进行的职业教育提供技术答案

16—19世纪，教育领域开始呈现出一些新的变化趋势。学校首先开始尝试探索变革教学方式，单一纯粹的人文主义已经不再独霸鳌头，正逐步转变为现实主义，在教授的内容上，经典文献和语言已经不能满足需要，于是手工课程不断增加，让平民化和生活化的韵味更加明显。培根、夸美纽斯、卢梭、赫尔巴特等现在为人们耳熟能详的先贤就成为教育改革的领路人和倡导者。尽管这样，一些教育领域的改革理念与实验的推行并不是为了技能型劳动者的专门培养，更多的是从改革普通教育角度出发进行的，但是也正是由于它们的存在，才打下职业教育最终被

纳入正规学校系统、坚实、良好的基底。

其中，"俄罗斯制"的产生，可以说在职业教育形态的发展过程中作用不可小觑，主要是它带来的技术影响力直接作用于职业教育形态，使其实现了从工作场所为本位的学徒制向学校本位的职业教育的转变。该制度由当时莫斯科皇家科技学院的沃斯校长联合其同事共同提出，其后以迅雷不及掩耳之势推行到欧美各国。俄罗斯制的创新之处在于摒弃传统的全程化工艺教学模式，转而采用先将工艺生产逐个分解成为独立的工序，并对它们进行逐一教学，实现各个击破。这样就不必再像往常一样非个别指导不可，而是可以对学生们进行更大量以及更大范围的讲解、示范甚至训练，这样一来，教学效率就必然实现很大程度上的提升。可以说，"俄罗斯制"是学校职业教育中一剂强有力的催化剂，它的出现具有非凡的意义，从此，现代职业教育当中学制的建立开始有了坚实的方法以及技术保障。

当历史的洪流不断向前翻滚，在上述因素的综合作用力下，传统的学徒制终于没能抵挡住两次工业革命带来的强势冲击，开始呈现出并且不得不接受崩溃的状态。学校的职业教育探索和完成着技能学习切割和抽象的路程，开始成为职业教育在这段历史时期舞台的主角。但是不可否认，学徒制在这一时期仍旧存在，尤其是在传统手工行业，学徒制并没有完全销声匿迹，反而依旧在散发自己的光热。这时学徒制的形态已经和往常不同，从前专门存在的法令条例早就销声匿迹，也就再没有相关具体的细节规定，此时的学徒制更多的只是牵制在师徒、父母与其他代表关系之间的自由合同甚或是协议。当时的政府也纷纷退出，不再介入对它的法制管理控制中，当然，这样的做法与西方国家流行的志愿主义不无关联。当局者更倾向于放任自由的态度应对以工作为本位的劳动培训。为了真正实现对工人与学徒利益的保护目的，就必须要有酝酿于学徒制中新的抗衡力量的存在，于是，工会就出现了。有专门的学者曾经指出，任何一种产生于 19 世纪的学徒制规范形态，都无法与日益发展壮大的工会和集体商会两者脱离关系。鉴于此，人们也会将 19 世纪末 20 世纪初缺少强制性规定的特殊历史时期，形成的由雇主、行会、工会、学徒四者一起商定最终决定其形式的学徒制，称为"集体商议的工业学徒制"。

尽管存在着不在少数的工会组织力图通过种种方式实现更多地为工

人阶级争取利益的目的，但是实际上工会的力量十分弱小，而且不同职业工会之间并不十分团结，这就造成了在和雇主进行具体的议价环节时，工会处于劣势。同时，在当时条件下工会倡导的学徒制与原先的立法学徒制之间并没有产生本质的差别，但是在现实的背景下，"重回过去"显然只是一个口号而已。曾经规范且正统的学徒制愈加呈现日常化趋势，简单的书面甚至是口头合同的形式正成为越来越多的人青睐的做法。一个例证是，根据英国的学徒制与培训调查，当时全英的建筑业中，仅有37%的学徒有书面契约，53%是口头约定，还有18%是实习生。而另一项研究也指出，20世纪20年代中期英国的工程行业中，有3/4的学徒都没有签订书面协定或正式契约，仅仅是用口头协议或者完全没有协议。

概言之，集体商议学徒制呈现出的特征主要有以下几个方面：其一，尚无核心力量的存在，规范化的运作机制在这一时期并未能形成，这与当时的自由放任主义理念不谋而合；其二，学徒制开始呈现非正式化特色，口头约定或者合同成为主要确立的形式；其三，新的雇佣技术劳动关系代替传统意义上的师徒教授关系；其四，年限不再做具体限制，3~7年成为普遍现实；其五，不再存在专门的考试为期满的学徒进行考核把关；其六，开始有把学徒看作廉价劳动力的态势，并且进行的培训开始有了具体目标，例如特定的企业或者工作程序。

第二节　中国古代艺徒制的演变

我国古代的艺徒制实际上出现的时间要早于西方的现代学徒制教育。最早的艺徒制教育从原始社会的手工业生产时期就出现端倪，骨器、陶器、石器等的出现加之建造房屋等各种手工业的产生，就有了相应的技能的传授以及训练活动。从本质上说，产生于中国古代的艺徒制的教学方式实现了对传统的手艺与技能的良好传承与发展，探究其历史演变的过程，大致分为以下几个阶段：最早滥觞于西周，于春秋战国时期得到更深层次的发展，直至封建社会，艺徒制日臻成熟完善，到此时，艺徒制的地位得以真正确立并且不断巩固强化。但是，当面对封建王朝土崩瓦解，适逢学校职业教育形态出现，艺徒制终于无力挽回过去的辉煌之势，独自承受着日落西山的苦楚与落寞，走上不可改变的衰落之路。

尽管如此，艺徒制在中国教育发展史上也烙下深刻的印记，特别是作为古代职业教育的一种，它一直是最普遍流行着的、影响范围最广泛且最具有针对性的、时间持续最长久的形式。

一、雏形期：原始社会的艺徒制

早在人类原始社会时，生产工具的变更解放了人们的四肢，单纯的狩猎已经逐渐被农业种植所取代，正是在这期间，最早的职业教育形式开始出现在人类社会中，开启了人类教育发展史中的崭新篇章。而艺徒制的雏形就是在三次社会大分工的不断进行中出现完成的。

第一次社会大分工意味着教育与原始农业之间形成的相互分离的关系。原始社会"刀耕火种"的农业生产生活方式，需要砍到原木或者进行烈火焚烧，再有就是通过石斧、石棒等石制的工具完成播种松土任务。《白虎通》（卷一）记载："古之人民，皆食禽兽肉。至于神农，因天之时，分地之利，制耒耜，教民农作。"要想真正让更多的普通大众掌握到种植技术，教育就成为必经之路，也因此，早在原始社会就存在和出现了农业活动中的技艺传授。

第二次社会大分工结束之后，畜牧业又与农业形成相互分离的关系，这样，就拓展丰富了人类的生产生活方式。《淮南子》中有"拘兽以为畜"的记载，这也是关于畜牧业产生的最早的记录。尽管在当时，饲养业未被当作主业看待，可是这一时期形成积淀下的生产生活中有关于牲畜饲养与各种疾病防治经验却在一点点被慢慢传承下去。而日益兴盛的农业文明，使原始人类祖先从流动的打猎放牧为主的生活方式转变成了定居为主的生活方式。在手工业领域，对技艺的传承讲授也日渐受到人们的关心和重视。

到了第三次社会大分工之后，手工业就实现了与农业之间相互分离的关系。诸如陶器制作、纺织、皮革的加工制作等生产活动不断增多，全职的手工业者数量的增长也成为现实，手工业部门正式宣告其为独立存在的个体部门。人类原始的祖先们在日积月累的生产生活实践过程中也在不断摸索，运用日益改良的生产工具，先人们对复杂的工艺流程和技术有了更深刻的了解，逐渐掌握其中的要领。这其中最典型的代表就是出土的良渚文化时期的玉器，可以说是具有鲜明特色的工艺精品佳作。

但是时至今日，人们也不甚清楚，甚至不能为这些巧夺天工的艺术品是怎样制作出来的找到一个合理完整的答案。从生产角度来讲，要进行玉器加工制作技艺的考察研究，首先需要考察的是制作这些工艺品的人，也就是当时的拥有高超技艺的能工巧匠们。但是前提是工匠们需要大量经验的积累以及前期各种技艺的不断学习，这些工艺技术离不开制作者进行的严格训练。

作为早期人类历史的发展阶段，原始社会不可能产生诸如"艺徒制""职业教育课程"等专业性概念词汇，但这并不妨碍具有实质性特征的生产劳动的技能以及知识上的继续传递继承。这也意味着艺徒制的雏形在原始社会已经存在，在农业生产上进行技艺技能的传承和经验的传授也成为具体形式。

二、萌芽发展期：奴隶社会的艺徒制

经历了夏、商直至西周，再到动荡不安的春秋战国时期，中国古代的奴隶社会也逐渐过渡到更加先进的封建社会中。可以说，夏商周三个历史阶段是艺徒制的初生萌芽时期，而到了春秋战国之时，由于受到当时社会的影响，艺徒制度实现了自身一定程度的发展。也是在同一时期，"父子相传"这种较为新颖的民间技艺的传承方式引起人们极大的兴趣，越来越多的人开始将之推崇备至。另一方面，处于自身利益的考虑，要想实现和保障官府在技术上的绝对优势和垄断地位，官营作坊甚或是工业就尝试探索"艺徒"的培养训练之路。这样一来，不管是具有官营抑或是私营性质的手工作坊的艺徒制均实现了自身的进步提升。到这一时期，艺徒制也与原始社会雏形状态有很大不同，走上了现实社会发展中的正轨道路，改变了以往存在着的隐性职业教育形式，有更加明晰的学习内容、培训、管理等方面的具体规范。

（一）夏商周艺徒制的萌芽

由于生产工具的革新，到了夏商周时，飞速发展的农耕技术也大幅度提升了当时农作物的产量。而随着农业的进步，手工业也变得十分兴盛发达，但是从当时的人民群众角度来讲，奴隶却生活在水深火热之中。在夏商周时期，一个显著的职业教育特征就是"职业为氏，行业族居"。

这一现象从最早的大禹时代或许就已经开始了，在《姓苑》《姓氏考略》等古代文献中均有详细的记载，书中还记载了水氏的由来，就与当时的水工相关联。伴随分工方式的深入发展，族居开始出现在不同的行业中间，以往以纯血缘关系为纽带的族居生活逐渐减少，同行间建立的族居关系逐渐超越血缘族居的重要性。《左传》就专门记载了由于职业的差别而衍生出的不同家族种类，例如陶氏、索氏等，顾名思义陶工家族即为陶氏，而绳工家族则称之为索氏。这样一种"职业为氏，行业族居"的崭新的生活生产方式一定程度上有助于更好地实现手工业者们之间的交流合作，以这种方式借鉴吸收别家长处从而补足己家短处，最终实现共同提升进步的目的。

这一时期"工商食官"制度也被确立规范下来。要实现官府当局的技术垄断地位不被动摇，一方面要有官营企业中"艺徒"的培养和训练，另一方面还要做出技艺要世代相传的有关规定。为了满足上述规定要求，西周时期开始，手工艺人就过着固定的生活，他们世代只能长期居住在同一个地方，而不能进行任意自由的迁动。日渐细密的分工模式，促使行业也逐渐衍生出适合社会发展的"父子家传"的制度。《礼记》当中就有专门的记载："良弓之子，必学为箕……"这种"父子家传"的制度也被称之为"箕裘相继"。大意就是出生于制弓之家的人，看到父亲兄弟把角弯成弓，就要学会把柳编制成簸箕。《礼记》中所写的也从侧面反映出当时古代技能的传授以及训练主要以父子相传方式为主实现。直至东周，经济开始下移，个体的家庭单位就成为实现物质生产与再生产的最基本的单位组成元素，借助口头传授和从旁模仿的方式，技艺也实现了自身的持续传承发展。因此工艺技术手艺的相关经验知识开始依附于血缘关系，与之融合仅仅完成了家庭范围内的流传延续，作为旁观者，它对全貌基本上是可望而不可即的。也就是说，艺徒制到夏商周这几个朝代时，即以萌芽状态出现在古代的中国社会。

（二）春秋战国艺徒制的发展

作为中国古代史上一个关键历史时期，正是在春秋战国之时，开始了奴隶社会转型到封建社会的历程，而剧烈动荡的社会局势下，艺徒制却也完成了自身不断发展的使命。在被瓦解的奴隶制度的历史背景下，职官不得不面对流落民间的现实，于是出于种种打算和考虑，这部分人开始走上了创设学派,借助办私学的方式招收学徒的道路。这样的做法,在将官府先进技术带入到民间过程中,也汲取到了民间生产实践的精华,如此一来,就会促使原先的技术得到更大程度的提升和发展。这一点在当时诸子百家中占据一席之地的墨家学派体现尤为明显。该学派有着严明的纪律规定,违反规定者必定会遭受到严厉的惩处,这当中的教育内容就是针对农业和手工业中的技巧与技能的传授,这一学派对存在着的手工业师兄弟以及师徒关系始终保持不变,也凸显了其组织具有绝对服从的特性和严密性质。也是在同一时期,"工师授徒"制度在官府管控下的手工作坊中被确立下来,"工师"必须认真行使自己的职责:既要认真培养专门的技术人才,同时又要完成对百工的管理,从而为生产顺利进行做好充分保障。著名冶匠师干将就是春秋末期"工师"的典型代表。当干将为官府铸剑时,300个被选出的童男童女就要做好相应的辅助配合工作,此外这些童男童女们也需要完成学习观察"火候"等各种专门的铸造剑术的工艺,他们有着明确分工,细密的组织系统。可以说,以师带徒、设学收徒等方式的存在,让春秋战国时期的技艺实现了有效传袭及发展。

三、成熟、衰落期:封建社会的艺徒制

从秦朝建立起到隋唐时期到来,封建社会的政治经济上,呈现出愈加繁荣昌盛的势头,客观上推动和发展了职业教育。在政府积极宣传推广的作用力下,以师带徒与父子相传这两种已经存在的职业模式也得到社会的广泛认可与肯定。在这段历史时期,兴起于民间的艺徒制继续发挥自己的优势不断深入发展,而官营艺徒制也日臻成熟崭露头角,最终占据了主导地位,这是以往历史时期中官营艺徒制所不具备的特征。在这个时期,官营艺徒制具备更加明显的优势特色:愈加翔实丰富的教育内容、灵活多变的培训期限、日臻完善的管理机构,再加上对能力考查有着专门严格的标准,上述种种使得培训的效果显著增强。发展到宋朝时,"法式"艺徒制教育的出现让人们为之眼前一亮,这也是整个艺徒制培训历史上一个最大的创新点,它的最大亮点在于对学徒的培养不再像原先般相对散漫,没有目标,反而有了较清楚和明确的目标与要求。直至封建社会尾端,也就是通常意义上的明清时期,艺徒制教育还在继续

向前行进，而民间的艺徒传授活动就成为艺徒制教育主要形式，技艺的沟通交流也在手工业劳动者们之间进行着，对专门技艺的经验等的总结也成为当时民间作坊流行的做法。也是在这一历史时期，艺徒制不可避免地遭受着衰落命运，清末中国创立的学校制度成为加速其衰落最主要的刺激因素。就这样，官营抑或是民间艺徒制教育都没能摆脱被历史抛下的命运，逐渐从人们视野中淡出甚至消失殆尽。

（一）秦汉艺徒制的盛行

秦汉时期，官府发达的手工业需要那些有着高超技艺劳动者的存在。而在这些从事手工业的专门劳动者之中，工师及工匠就成为其主要存在的两类人群。在当时，上述两类人的地位极高，甚至专门的法律也对此有明确规定，对那些有资格成为工匠的人不能让他们进行做饭、赶车之类的工作。在教学年限的设定上，两年时间是普遍意义上一个零基础的新手需要学习的年限，而有一定基础的只需要一年时间的专门学习便可以出师。秦汉时期的手工业生产培训中，特别强调了对生产章程和标准的严格遵守，这两项内容更是被看作当时培训中的关键部分存在。在这一时期，也会有十分严格的培训效果方面的监督。凡此种种，艺徒制开始在这一时期盛行。

（二）隋唐艺徒制的成熟

官府经营管理的手工作坊在唐朝时实现了更深层次的进步发展，这也加快了艺徒制走向成熟的步伐。无论是地方还是地方政府机构中，都设立专门的机关用以管理官营手工业，并且形成了较为完善的体系制度，而"艺徒制"恰恰是上述手工作坊中惯常采用的教育方式。将艺徒制恰当地运用到手工作坊的生产实践中，就为该行业产出了一批又一批技术人才。到了每年的10月份，负责管理百工的少府监还要专门筛选出官奴婢和官户中的部分人并将之作为工人输送到少府监，从而进行不同的精细手艺的学习。而学徒的学习年限则要根据具体的工种进行划分，例如细缕工人为4年，乐器工人通常为3年制，当然也存在2年的工种。可以说，这样的一份教学大纲已经非常完备了。出于能够真正保证那些进行技艺传授的师傅专业水准的目的，当局者们也颇费心思，他们挑选出了来自全国的不同行业中的佼佼者从中再进行选拔，直至被选为真正的师傅。这种前提下，师傅们带着皇权的威慑力，当然还有物质奖励，这些都促使师傅拿出毕生所学尽心教授技艺。上述种种措施，不光使得各类技艺得到了切实有效的推广，同时提升了整个手工业的技术水准，各个行业的职业技术水平随之显著提高，行业的最高技术能够得到推广。

（三）宋代艺徒制的创新

宋朝到来之时，已经形成了包含铸币、采矿、纺织、冶金、造船等在内的相当庞大的官营手工业系统。因为手工作坊的大规模扩张，为了更好地训练艺徒，宋朝开始推广"法式"艺徒培训法。该训练法涵盖了"制度、名例、图样"等一系列内容，以一种技术方面的操作规范形式存在，囊括了基础的技术相关知识，经常被看作最早的一种职业教育课程，成为当时艺徒培训的基本教材。"法式"既是对工徒进行指导的一种传授活动，同时又可以被看作考核技艺的关键依据。熙宁年间宋朝先后编写和出现的《熙宁法式》《弓式》《陶说》等史书，均是用法式对古代的科学技术进行了系统全面的总结，既体现和代表着当时的生产力发展水平，更规范了整个艺徒培训各个方面层次内容。宋代的"法式"艺徒制与之前的唐代艺徒制相比，凸显很大的进步特征，意味着"产业办学"层次水平的提升。这样一种培训方式对工徒的才华技能有所倚重，具体要求也变得更加规范。总之，从宋代艺徒制开始，工徒的培养有了明确的要求和目标，这也是它区别于任何朝代的创新之处。

以宋朝作为开端，存在于民间的艺徒教育不断实现自身的发展进步。具体到日常的生产生活实践活动，当时的中国产生了相类似于欧洲的行会组织，不管从事生产的物件大或者小，"团行"成为必不可少的设置，"行老"也会从所属团中被选出。居于"团行"之上的是"库"，由"行首"对"库"进行管理。这两个组织要想真正实现管理控制民间手工作坊的目的，首先获取"行老"和"行首"的认可及肯定才能够行得通，鉴于这样的前提之下，进行工匠和学徒的雇佣才具有现实的可能性和可实现性。与原先已经存在的学徒制相对比，不难发现，"团行"已经成为联系师傅和徒弟之间关系的桥梁纽带，而到了宋代时，师傅对徒弟进行招收也演变为行业中的事情，这样一来，"子承父业"的枷锁就很快被打破，从而为具有社会性质的师带徒相关活动开展起到积极推动作用。

（四）明清艺徒制的衰落

明代中叶以后，各类商品经济非常活跃，江南各地开始陆续出现资本主义的萌芽。当时国内民间不同行业的生产相关的知识与技能被广泛地普及传播，同时，还存在于民间的艺徒活动仍旧极为流行。这一阶段，进行行业技艺的相互沟通与交流就成为手工业者们经常做的事情，而对于民间作坊而言，总结以往的技艺经验也成为普遍做法。到此时逐渐涌现出了像《天工开物》《镜史》等专门进行不同生产过程总结的著作。另一方面，艺徒训练却不得不接受在官营作坊中走向衰败、无法继续下去的命运。造成这种现状的原因可以归结为以下两点：其一，受到具有强制性、被动性特征的工作场所环境的影响，那些在官府手工业中从事生产的工匠们压力倍增，同时压迫感显著增强，导致的后果就是压抑了这些人从事生产的积极性，打击了创造性，由此，在进行技术传授的过程中受到牵连就成为必然。其二，就是官府手工业自身面临着走下坡路，走向历史没落命运的结局，从而影响和牵连到艺徒制跟随其走向衰退之路。艺徒制本来就是依靠手工产业实现办学目的的，而一旦产业遭到打击甚至面临崩溃的局面，一般情况下正常的办学活动也就再也无法继续往下进行。清代到来之时，"行业会馆""工匠会馆"在民间的兴起产生，彻底将官府艺徒制带向了不可恢复的衰落深渊。此时的行业会馆和以往又呈现出不同的特色特征，并对艺徒制各个方面做出严格的规范规定：首先是在徒弟的数额上，严格限定一师一徒；在年限的设计上，以3年为限，这是艺徒学习的时间；对于那些学成将要出徒的艺徒，会馆也制定专门严格的规范，从事生产的同行业的各家店铺，均不允许有雇佣未满期限的艺徒情况的发生，就算是已经达到学徒的年限，可以成为"满徒"，也必须首先要缴付高昂的上行费用，同时再帮助师傅从事生产劳动才算圆满完成任务。对技术的垄断也是行业会馆要进行的工作。对于外来的人员，行业会馆为了保证技术的绝对垄断，避免竞争现象的出现，也制定有严格规定条件。特别是在投行、技术的传播讲授、工作地点的分配划拨上，均有明确的规范内容。然而，清末的中国，创立了早期的学校制度，这样的历史状况下，技艺学校如雨后春笋般不断涌现，而曾经风光无限的民间艺徒活动失去了往日的活跃状态，逐渐减少。如此，曾经存在于中国职业教育当中很长一段时间的艺徒制终于从人们的视线中消失。

第三节 现代学徒制产生的背景

一、对再度兴起的西方现代学徒制的思考

当前国内大环境下，职业教育领域正实施大力发展的政策措施，获得了一定效果，然而，我们在关注成绩的同时，也不应该忽视那些困扰职业教育发展的亟待解决的难题。可以说，当前严重的技工荒现象制约着职业教育向前发展的步伐，从"中国制造"到"中国创造"的转变，还有很长的路要走；在工学结合的探索之路上，如何进行更深入的改革，实现更大范围和更有成效的校企合作效果，实现更高层次的发展是摆在所有人面前的现实命题，这些都是需要考虑的课题。基于上述问题的存在，我们确实需要思考诸如当前中国现实背景环境下引入现代学徒制的可能性有多大，一旦引入，试行探索究竟应该以职前教育还是职后培训为开端，我们到底该像西方国家一样走企业本位的现代学徒制还是学校本位的现代学徒制更适应实际情况的需要。对这些问题的回答，应该是在国内现代学徒制不断发展演变的过程中深入思考出来的，是借鉴西方现代学徒制经验过程中思考出来的，更是结合具体问题进行具体分析得出来的答案。

政府对相关企业参与学徒制的制度性关照是以企业本位为特征的现代学徒制赖以生存和发展的前提保障，当然这之中，行业的合理介入作用的发挥也必不可少。但是，在目前条件下，涉及企业参与学徒制时，那些可以发挥积极激励和保障作用的制度设计在国内显得十分短缺。比如减免税收优惠以及津贴的补助等，导致存在的普遍现实就是企业主动参与程度明显不够，热情度不高，特别是对于职业教育当中的职前教育来说，更是如此。再加上教育体制正面临不断变革的态势，独立办学模式开始逐步替代行业办学，这样一来，行业要想真正实现指导和干预培养的人才，恐怕力量微不足道。以上问题都是我国实行现代学徒制面临的客观障碍。基于上述事实，要在我国目前状况下实行企业为主的现代

学徒制模式将会变得困难重重。针对职前教育，或许我们可以选择"洋为中用"的做法，在吸收借鉴西方国家有益参考的基础上，实行职业教育领域的全方位改革，从而推动其自身发展。现代学徒制也并非毫无出路可言，只是员工培训应该作为其试行的开端或者起点更为恰当，这样做考虑的缘由包含以下两点：第一，要想真正实现现代学徒制的本土化特色，并且最终取得显著效果，就必须要经过相当时间与经验的沉淀累积，鉴于此，职前培训的风险和成本显然均远远超过在职培训；第二，目前国内普遍存在着企业培训员工的常态化状况，而现代学徒制的应用和实行可以为一些企业面对的现实问题提供更加合适的选择或者解决路径，缓解企业面临的现实窘境。可以说，实行和推广现代学徒制并将之与企业的员工培训进行有效融合，能够碰撞出生产实践中新的火花，从而创设出一种崭新的低成本、高收益的选择道路，并且具有极强的可操作性和现实可能性。而在目前民工荒的大背景下，或许对新生代农民工培训进行现代学徒制的试行探索，可以成为后者实现发展的又一崭新的路径。

首先，借鉴西方现代学徒制，深化职业教育工学结合改革。当前，职业教育主要的问题包括有教育教学质量不平衡、相关法律法规不健全、学校和企业合作层次不太高、经济费用和制度不合适，最重要的是企业参与程度低等多个方面。参照西方现代学徒制的经验，要建立具有"中国特色"的职业教育现代学徒制，就必须结合当前的职业教育。"制度化"应该成为当前我国职业教育工学结合改革的核心。可以采取的方式有以下几个方面：建立从中央到地方的三级利益运行方式；建立统一的国家和地方教育的标准和规范；对于试点现代学徒制的企业给予政策的支持。

其次，引进现代学徒制，重视农民工职业教育。中国劳动力市场的结构性矛盾依然会长期存在，新生代农民工培训则在一段时期内肯定是一个具有战略意义的重点工作，目前农民工教育与培训显然与现实需要存在一定差距。其中主要问题是对农民工进行教育与培训的师资、实训条件和培训经费等方面的保障不力。新生代农民工要想很好地接受培训与再教育最好的方法可能是现代学徒制。让有资格的企业选派一些农民工代表参加培训，这种方式完全可以通过项目的方式进行，还可以很好地推动企业现代学徒制的建立。企业与学校合作，在国家设立的培训标准下，共同培养技能人才；选派出的学徒完成规定内的所有课程并通过业务、专业知识的考核，向其颁授国家认可的行业技能证书和学历证书。

二、对中国职业教育改革困境的突破

（一）我国高职教育推行现代学徒制面临的困境

20世纪中期，一些学校和企事业单位就对半工半读人才培养模式进行了一定的探索和试点。2005年《国务院关于大力发展职业教育的决定》提出要"逐步建立和完善半工半读制度，在部分职业院校中开展学生通过半工半读实现免费接受职业教育的试点，取得经验后逐步推广"。最近几年以来，很多职业院校探索了半工半读的新形式、新模式、新做法，获得了一些效果。从整体上来说，现代学徒制教育体系的建立在我国还没有形成，主要面临学校和企业的双重困境及压力。

1. 从企业自身角度看，尚未形成利于参与职业教育的环境

由于缺乏专门的建立企业与职业教育间关系的政策保护，也没有正确的鼓励机制，在某些方面一些制度还不够完善，这就造成了整体利于企业参与到职业教育当中的环境并未完全形成，企业的参与性不高。企业首先需要发展的是自我生存的问题，他们没有一定义务和责任参与到相应的现代学徒制中，甚至说企业除非能够赚取更多的经济效益，他们才能考虑此种合作模式。要么政府在校企合作中有一定的减免税收、财政补贴和经济奖励措施等经济利益，否则的话，企业很难参与到这种合作模式当中去。

从经费角度上看，政府对高职教育的经费投入严重不足。一方面，中国与发达国家相比，在高等教育和高职教育的资金投入严重不平衡，发达国家的高职办学成本一般是普通高等教育成本的2.64倍，中国对高职的经费投入远远低于普通高等院校。另一个方面，中国企业负担相比于国外的企业较重。如果企业参与到职业教育又得不到相应的财政税收支持，其费用企业也不愿意承担，企业首先要考虑自身的成长等问题。

在文化角度上，中国的现代学徒制的推广时间比较短，社会服务意识还不够强，许多企业的参与性还不够。上述因素成为阻碍企业融入职业教育中并进一步施行现代学徒制的重要原因。

2. 从学校自身看，校企合作的模式仍旧未能成为现实

许多地方政府为了鼓励高职教育的发展，大量采取每一个学生拨款和相应的专项经费，更容易产生的不好影响是：每一位学生所需要的平均费用未能达到普遍正常意义上的需求，造成了部分高职院校热衷于一股脑进行专项经费申请工作，但是该项工作的具体审批程序比较复杂，许多高职院校把时间都用在了申请专项经费，专项资金审批下来后，此时高职院校更需要扩建和发展，更加不利于学徒制的建设。

高职院校的办学历史、设备条件和师资水平相对于普通高校来说，都是比较薄弱的，而优秀的企业更加愿意和高等院校合作，这里面的意愿就大大打了折扣。当然，校企合作中，如果不能为企业带来丰厚的经济利益，则不利于学校和企业展开深入细致的合作。也就是说，高职院校要想真正服务于社会，还需要做出更大的努力，提升其层次水平。

（二）在我国高职教育中应用现代学徒制的意义

1. 适应高职院校教学的特点

目前摆在国内的现实问题就是技能型人才的缺乏，而高职教育无疑为缓解该窘境提供了最有效的路径，其主要是培养精业务、具有高端水平的人才，还要满足社会发展的需求，这就是高职教育与其他类型教育的主要区别。每一年高职招生人数都在上升，基本上和高等教育招生持平，甚至可能高于 50%。中国的生源从来没有缺失过，但是高端、专业化的人才比较缺乏。我国人才的缺失的主要问题可能是培养模式过程中的问题。要想让学生掌握实践操作的技能，基本上不要局限于死板的理论专业知识教授，要实现这种目标就必须发展现代学徒制的人才培养方式。学生不仅要掌握一定的理论知识，还要懂得操作，甚至说要熟知操作流程，完全可以定岗工作，这就需要掌握现代学徒制的高职授课的特点，这样才能培养出高质量的现代技能人才。

2. 适应市场化实用性人才供求

供求矛盾主要有需求与培养人才的不匹配，技能要求不符合岗位需求等表现形式。互联网行业的需求量最大的是 Java 技术开发人员，但是高职院校一直在培养 PHP 的开发人员，所以学校没有根据市场的需求而去培养市场所真正需要的人才，恰巧这就是一对供需的矛盾。企业需要

Java 后端开发人员,而高职院校不了解该技术的发展方向,培养了一批 Java 前端开发人员,导致人才技能不符合要求。这些问题存在的根本原因是学校不够了解市场需求。所以说,一个学校培养出来的人才必须要让其就业才是最重要的目标,而这些目标的实现就要归类于现代学徒制的教学方式和方法,企业一定要参与学校课程的设计,实践环节的把关,以及社会实际岗位的需求,这些方面都要考虑,否则优秀的人才可能就会流失,造成企业投入的资金都会大大缩水,进而造成减少投资等。要想培养出来的人才适应市场的需求,还要使人才具备一定实践操作能力,就必须要加强企业和学校之间的深度合作,这样才会使现代学徒制提升高职教育的地位。

3. 具有中国特色,顺应我国国情

要想学徒制的推广更加顺利,就必须坚持与本国教育的国情相一致,这也是每一个国家的学徒制特点的不同之处。即使照搬任何国家的学徒制,只会出现培养的过程和培养的人才均会遇到的问题现象,这些方式方法是没有办法施行的。根据实际情况,高职教育要施行现代学徒制,要想培养出优秀的人才,必须要注重校企合作的方式,还要注重学校中教学与企业的工作制度两者相结合的方式才能体现现代学徒制优势。

(三)现代学徒制在高职教育中的建构

1. 明确政府的职责

现代学徒制的应用需要学校与企业的良好合作,而两者的合作需要政府的政策支持和法律的保护。政府在推进现代学徒制培养模式时,一定要有相关政策的支持,也要进一步明确校企合作的方式。政府要调动企业参与现代学徒制除了在政策方面的支持外,还要有资金支持和税收等方面的支持。尤其是在现代学徒制建设起步阶段,许多课程的开发与研究都需要大量的资金投入,政府部门应该发挥其职责,提供更多的资金支持,这样就可以很好地保护学校和企业各自的利益,让其进展顺利,也能吸引到更多的企业参与。一些企业在推行现代学徒制试点中,动力不足,找各种理由推脱,或者表面应承,实际应付了事。这里需要政府起到一定的调节作用,也可以成立一些合作中介机构和相关的协会,让更多的企业了解现代学徒所培养的人才的优点,从而让更多有兴趣的企业加入其中。

2. 专业设置合理化

设置专业时，一定要考虑当地经济发展的趋势和特点，也要根据学校自身的优势及长处，才能更好地设置即将要试点的专业。对于学校的管理制度和教学制度的建立，一定要根据试点专业的需求来设定，企业需要怎样的人才，学校要根据具体要求来设置一些符合要求的教学内容、教学目标、教学计划等。现代学徒制的建立，不是盲目的设置专业，而是需要了解好市场，并结合学校的特点，这样的人才培养模式才会有市场需求。

3. 完善教学体系，改革管理模式

在学徒制建立以后，从单一的学生身份到双重身份的学徒，两者方式发生了变化，对于传统的教学体系可能就失去了一部分作用，而教学内容需要大量更改，其中有一项那就是实践类课程明显增多，以前的管理模式也需要更新，学生不只是学习者，还是工作者。传统教育中，许多学习的知识用在市场上或者在工作岗位中没有办法实际操作，所有的学生还得从头学，而对于现代学徒制试点模式，就是充分了解市场，确认对那些专业人才的需求后，学校就培养社会需要的人，市场需要的人。当然，高职院校的学生其实要和职业性挂钩，这样方能达到学以致用的目的。现代学徒制采用的教学模式就是发展学生，而发展学生的最终目的就是，让学生在学校学习的知识能直接用在工作岗位中。

4. 加强师资建设，建立考核机制

师傅在现代学徒制中起着非常重要的作用，师傅的业务能力直接决定着学徒的水平。所以，在建构学徒制时，一定要加强师资队伍的均衡，也要建立严格的师傅选拔制度，尤其是生产一线的师傅要创造条件让其加入师资队伍中来。加强师资队伍与企业的沟通，增强教师的责任感；一个制度的完善需要考核，监督现代学徒制最有效的方法是绩效考核。

第四章 现代学徒制的价值体现与发展困境

近年来，我国相继出台了许多与现代学徒制应用型技术人才培养模式息息相关的政策和制度。在2014年，为响应党的号召，让校企合作有进一步的发展，调整应用型职业教育以适应新常态下对应用型人才的要求，国务院、教育部相继制定了相关条例，此时正是应用型技术专业院校革新的重要节点，专门的条例规章的制定和出台就是最好的例证。另外，应用型专业技术人才培养模式在职教系统、职训系统里都占据着重要的地位，它还是校企合作和专业办学培养中不可或缺的一环。现代学徒制人才培养模式不再拘泥于行业公司、应用型院校内部，而是围绕"育人""人本位"的核心观点制订人才培养方案，重视行业企业在育人过程中的重要性。在加大应用型人才技术培养的教改方面、提高应用型专业人才等级水平方面、提升毕业生市场竞争力等方面，其优势是无可匹敌的，既是职业教育模式的创新，又能提升职业技能，最重要的是提高就业率。

20世纪中期，我国一些省市和学校就对半工半读人才培养模式进行了有益的探索。21世纪初，在国务院出台的相关规定中明确，要逐步设立和完善半工半读制。目前看来，该制度在一些应用型技术学校的施行方面，帮助广大学生获得了不少益处，这种非营利性的试点工程值得大范围的推行。同时，在我国越来越多的应用型学校不断探索这种人才培养模式，学校、学生以及企业都受益匪浅，充分体现了现代学徒制的价值。可是，目前国内应用型教育仍有欠缺的部分，施行现代学徒制人才培养模式还存在着颇多困难亟待解决。

第一节 现代学徒制人才培养模式的价值

现代学徒制作为新时期培养技能人才的一种有效的方式，为世界各国所重视，这种新型的人才培养模式对构建应用型技术学校的课程体系，对学生岗位素质的培养和技术性能力的塑造起着积极作用。

一、学徒制中"默会知识"的理论价值

学徒制在固有观点里往往与手工业等老旧工艺模式画等号，但是，现代的教育改革伴随社会和科技的发展日新月异，学徒制也保持着一定的发展态势，甚至显现出星星之火可以燎原的趋势。在一些西方国家对于教育领域的研究当中，有权威专家认为，在现代西方社会中，学徒制的施行范围可谓是包罗万象，其中就涵盖了法学、艺术以及专业级别的竞技等方方面面。另外，和欧美国家不同的是，中、日等国家的应用型技术教育体系里，教师往往在上岗的一段时期内，通过学徒制学习怎样教学，应该教给学徒什么。

朱克曼在《科学界的精英》一书中统计，在美国 92 位诺贝尔奖获得者中有 48 位曾经做过老诺贝尔奖获得者的助手或同事。鉴于此，朱克曼主张，传统的学徒制仍应有所保存，这一主张不无道理。书中阐明，基于现代学徒制中默会知识的特殊性，因而它无法用语言和具象的文字来描述。譬如说，专业技术中的文化和内涵，达成目标的意志力，无法用语言描述的经验方法，专心致志的敬业精神，上述的种种都无法和显性的理论知识类似，能用书本、语言教授给学生。而恰恰是学生自身在不断地探索、钻研专业技术的过程中，逐渐揣摩、实践、体会，并且和相关专业合作者进行一定的沟通和探究，才能获得想要的专业知识。所以，一直以来英籍犹太裔哲学家波兰尼一直重视手工业时代"学徒制"与现代教育的结合的作用，这种知识唯有让应用型教育模式下的专业老师在实践中教导给学生。尤其是当下，几乎所有的高等学校都在进行与专业技术有关的教育教学，然而技术领域内非显性知识的内容还是和学生隔着一堵厚重的墙，难以获得。如果学生服从老师的指挥，并且暗自较劲，专业技术的初学者也可以渐渐地学到真本领，甚至是老师都不会的东西也可以学到。由此可知，所谓的默会知识，需要无条件地观察模拟其他专业技术能手，在潜移默化中才可以习得。

波兰尼认为一些生产线上的"学徒制"只能通过师傅带徒弟，师傅与徒弟讲授相关的经验，才能让徒弟学习到一些知识和方法，而这些方

法和经验在课本上，是没有办法学习到的，"缄默知识"由此被波兰尼命名并界定。波兰尼的两本书分别为《个体知识》和《默会维度》，其中对默会认识和默会知识进行了比较深入的研究和阐述，对于默会知识概念的面世，立即引发了相关教育学和哲学界领域的高度重视，经常被人作为著名命题进行探讨和辩论。

  隐性知识，包括缄默知识，在对其进行的传授方面，最显著的不足之处在于，难以把默会知识真正地传达给学生，更多的只是在做无用功，而且课堂上的知识点和技能往往跟不上当下的技术变革，学生毕业后仍不得不重新开始对新技术的学习，还是要经历漫长而痛苦的坎坷道路，最终得以适应行业一线。相关教育工作者必须要正视、反思这些弊端。这些都难以用实实在在的语言文字描述，只能被揣摩和领悟所得。比如，看待一个东西的态度，辨别某些人的内心特点，对生活和工作有很强的行动力，懂得处置事务的手段和艺术，对于日常生活的琐事却能激发丰富创造力等。只需要一个情节点就能激起对事物的反应，从而进一步利用逻辑思维或感性思维做出相应判断，这就是缄默知识或隐性知识的独到之处。究其根本，缄默知识往往是与显性知识对立的，我们可以称之为直觉，因为它的来源正是我们日常生活学习中一点一滴积累起来的经验所教给我们的，不可用一言以蔽之。这种"直觉知识"能帮助我们做很多判断和选择，同时，这种直觉对我们能否成功有着决定性的作用。

  人们表现出来的形象和情感往往只是冰山一角，这一心理学理论同样适用于缄默知识这个哲学概念。同样的，波兰尼也提出了相关理念，而且对社会文明有一定程度的改变，包括多个领域，如科学、伦理、政治、法律、经济、教育等。从宏观角度来说，这一概念猛烈冲击了当时的科学观和人们对于知识的认知和理解。此外，这位伟大的哲学家还提出，隐性知识是不能用语言或者具象的文字去表述和传播的，因此，在一定程度上这说明了相同的知识被不同个体认知。

  技能是知识的一种，它的不可言传性是"不问而知"。譬如说，我们一旦学会了某项技能，如游泳、骑自行车等，就算掉进水里，或者坐上了车扶着车把，一般都不会惊慌失措，而是不由自主地游了起来，或是顺利地把车骑了出去。同样的，一个专业的红酒品鉴师，或者香水成分鉴别师通过嗅觉或味觉可以很容易地区分各种不同类别的红酒品种、窖藏年份、产地，或者香水的香调、原材料等；而大医院里有多年工作经历的放射科技师，可以察觉到拍出的片子里细如发丝的异常之处；能力卓越的工程师、机械师可以通过自己亲自去现场对机器进行"望闻问切"，从而发现一般人只能用器材才可以检查出来的问题。以上的种种例证只是为了说明，很多专业技术是无法通过书本理论和职业规章准则学习的，而是依赖于师傅的言传身教和手把手教学。从宏观角度来看，人类文明中的无数种非物质文化遗产已经随着时代经济等各方面的原因，成为千古绝唱，这就是为什么我们认为默会知识如此重要。

正如古语所云"名师出高徒"。默会知识它自身的个别化和很难被编码等缺点就决定了"学徒制"在领悟这些不能被语言所表现的知识中的地位。毕竟它只能经过类似于行为艺术这样的抽象化方式才能够体现出来，所以，被传授的人就需依靠灵敏的洞察能力和自己的悟性去读懂知识传授人的每一个动作，从而从师父那里得到他们多年所积累的一些经验，和那些不能用语言来表达出来的知识。恰是因为缄默知识的很难表述，所以难以在社会中以正常的方式来传达。比如对科学的看法，在科学中所获得的精神支撑，又或者是在科学技术方面的直觉，这些思想化的知识很难通过正常的教育方式来传达。所以缄默知识的交流中在很大方面上就剩下师徒之间在大量学术的交流中才能得到它。当前必然要把以往的"单对单"学徒制模式变为"多对多"的学徒制模式。以往的"学徒制"都是单对单模式，这种模式的坏处在无论师傅在专业方面有没有错，门徒都要全数学习。而一对多的模式则是指多个学生可以拜师在同一个师傅门下，同样，好多师傅也可以只收同一个徒弟。或许，徒弟就可以从不同的师傅那里学到各式各样的东西，从而提高自己默会知识的积累。

当下所有学校的教育中之所以会用到学徒制，一是因为我们对默会知识有了深刻的了解，二是因为我国所有的专业教育中存在重教育者的言行举止而耻学于师，重课本的死知识而轻动手能力，重填鸭式教学而轻锻炼学生独立性等诟病，这就是当下社会环境的现实。在哲学家波兰尼的万众默会知识只能够在思想交流中获得，它只剩下师教徒这种老办法得到延续。

二、实践意义

现代学徒制试点工作历来备受关注。在近年来政府相关部门出台的规划文件中明确，相关部门和地方要全力扶持现代学徒制技术人才培养模式的运行，并且行业公司和应用型院校的合同必须有法可循，推进校企合作制度化。国家出台的教育文件里指出，应用型技术人才培养试点必须纳入院校的建设计划之中，并且要齐心协力，把相应的规章制度、法律法规具体化和细致化，在全国范围内让应用型专业技术人才培养的工作如火如荼地展开。十三五以来，相关的国家政策不断推出，体现了现代学徒制的重要性。工学结合是核心，应用型技术人才培养模式的主要目标就是提高专业技术者的职业素养和专业等级，这一人才培养机制的树立，从各个角度来看，都是切合实际的，并且还能让应用型学校、行业企业获得益处，可谓是补齐当下应用型职业教育短板的最佳途径，这有以下几个方面的体现。

1. 解决了企业内顶岗实习质量不高的难题

首先，有着厚实履历的师傅的介入能够给学徒有效引导。实际生产操作时，企业会自动自觉去安排有履历的技术人员展开培训。譬如说德国，一般的公司里要求指导师傅具备相应时间的实际操作经历；其他欧洲国家也有相关规定，如行业公司不仅要选派有技术的员工引导学员，在一些情况下还会安排一名经理全程扶助学徒学习，不断地应对处理生产操作中学生遇到的专业壁垒，这能提高学生的专业技能。

其次，时间足够的行业一线生产操作过程可以大幅度地加强学生实战技术。因为，应用型技术院校的课程大多安排在行业一线，而不是在课堂内学习理论知识。以欧洲发达国家为例，这一比例就超过了二比一，这样算下来，应用型专业技术院校的学生在工作日大部分的情况下，都待在行业操作一线，其余少数的时间则是回到校园，在课堂里汲取理论知识等显性知识。由此可见，校企合作是应用型技术人才培养体系的重要一环，而应用型院校作为培育人文素养的主要阵地，也有着自己明确的分工，两者相辅相成。每一位学生在院校能学习到相关的专业知识，还能不断地丰富自己的知识结构，又能用于岗位的需求。

当下的应用型技术教育虽然需要三四年的时间完成，然而对其评价体系不完全依据时长，更看重职业技能水平是否达标。一个学徒要有经过相关的培训才能得到相关的认证资质，而这些考评的范围主要是企业、学校和相关职业鉴定部门，一个学徒要完成所有的资格认证，就认为他已经基本掌握了技能,并且这些资格的认证各个单位和企业都认可。一般考核的主体单位雇主、学校、职业资格证书的主管部门或培训机构,所有的考核内容都在工作岗位进行,考核的主要内容是岗位晋升和职业资格的相关认证,以上这些考核的方式主要采用指定的操作流程,岗位的熟悉程度和各种技能的测试训练等方面。除了以上的审核以外,还要学徒在平时工作时所进行的每一项工作日志和记载的详细材料汇总作为主要评估方式。此类人才考核和评价体系可以让隐性知识的学习过程有所具象化,并且达到了行业公司的目标。

现代学徒制模式下,学生的身份发生了明显的变化,在学校就是学生和课堂,而在企业就是学徒和工作岗位,在学校主要由老师讲授知识,在企业中主要由师傅传授经验。这样的双重身份,既能保证学校的学习,还能保证岗位的需求,基本上提高了学生与学徒的身份的转变能力,还能提升相关的技能。而且实际生产操作会面临很多非常情况,而校园学习就算再仿真,也不可能百分百能做到一模一样。此外,一旦进入工作状态,就有定责的问题扑面而来,不专心致志提升职业水平和能力素养,很难在社会上、在行业内站稳脚跟,所以采用这种方法才能让学生不断进步。

2. 解决了学校培养的人才与企业对接困难的问题

当下,应用型技术人才培养模式规定其受训者需要把大部分精力放在行业一线的实践上,并且接受专业技能实践引导。相较之下,应用型技术往往都具有行业前瞻性,是高精尖并且非常实用和有建设性的,其中一线还是独一无二的。然而,应用型院校自主推行的人才培养模式很难获取这些资本和信息,即使能够开展为期不长的行业一线操作教学,仍然不足以使得受训者得到真正透彻的实践体验。可以说,这种人才培养模式不仅为企业的未来谋划成长储备了必不可少的人才资源,并且为企业目前的发展充实了新的力量。对于行业公司和应用型院校,考虑到其未来路径,现代学徒制的培养机制还是有很大优势的。

让学生顺利毕业后在社会上、在岗位上立足,才是应用型院校的终极目标。因此,把行业公司的人才甄选原则作为应用型学校的人才教育理念,把培养应用型、复合型的技术人才当作准则,让学生扎扎实实地学到实实在在的东西,平衡行业和学校的供给侧需求,这就是引领现代学徒制长期发展的主要途径。

首先，究其根本，应用型人才教育培养的目的应该是让学生能融入企业，适应行业一线，顺其自然的，企业的要求就是培养的标准。换句话说，让规则的制定者来制定标准本身是最符合行业生态法则的，而不应该是由政府或教育机构做决策。要想企业人才的培养符合相关企业的要求，就必须制定切实可行的培养方案。将来，中国的应用型技术人才培养将围绕协同育人开展与行业企业的深度交流，以此为背景的应用型技术人才教育机制需要注入新的力量。

其次，以实际操作为主体的人才培养方案侧重于加深校企合作的部分。尤其是当下应用型技术人才培养体系强调实践在育人环节的重要性，集中注意力去解决实际生产操作中会面临的问题，有针对性地去学习方法，并且给予学生亲手操作设施的机会，从而获得潜移默化的隐性知识。同时采取校企合作的形式，让显性知识和隐性知识同步养成，并且实践教学必须占据一半以上的时间。最终以实际操作成效的考核准则而非书面考试来判断和查验其培训效果，极大地摆脱了以往学习生态环境的不利之处。

最后，工学交叉的教学模式能够将理论进修和技能训练相联合。当下的应用型技术人才培养模式，并没有清晰隔离实践、课堂理论学习两个部分，实际上，它选择了以生产操作现场学习起重要作用，与课堂理论学习相辅相成的应用型技术教育模式。让学生能够把课堂上学到的显性知识与实际操作中的隐性知识有机融合。让显性知识和隐性知识相辅相成，互为裨益，进一步提升学生对于技术的显性知识的认知，并以此为基础，大幅度增强专业技术，成为满足用工单位标准的复合型、应用型人才。

3. 解决了学生积极性有限的问题

首先，应用型专业技术学生需要有行业企业成员的正式合同，用相关法律法规来使其利益最大化。当下的应用型技术教育里，学生作为行业公司的员工，一部分先是被公司聘用，然后才进入相关院校的专业开展具体教学。因此，学生和行业公司属于是雇佣关系，作为公司，也应该按照法律条例行事，企业同样要遵守国家有关的劳动法规。而应用型院校技术专业学生作为公司雇员，是可以被相关劳动法保护的，这能使得公司更有社会一份子的成员意识，还能使学生的利益最大化。

其次，现代学徒制人才培养模式可以把评估标准结合学生能否顺利取得资质证书。这样不仅让学生更有学习兴趣，还能增加市场竞争力。应用型技术人才培养机制通过制定适当的人才评价标准，与相关技术资质证明紧密链接，在进行学徒制人才培养的同时，学生还需要考取相关的资格证书。此外，能否取得资格证书对于现代学徒制来说是非常重要的。证书作为一种考核形式，需要学生在规定年限内通过某种检验。以英、德等欧洲发达国家为例，检验学徒制教学基础的标准之一就是以等级检验教学成果的门槛，用技能资格证书作为评判准则，实践证明可以使人才培养更为有效。相比之下，传统学徒制更侧重技术的表象，也就是操作的规范和熟悉度。

最后，培训过程和培训路径越发灵活。当下的应用型技术人才培养体制不十分强调学生是年长或是年幼，一般具备规定知识和基础，就可以开展应用型学习。现代学徒制模式下，接受培训的学徒年龄没有过多的限定要求，只要完成必需的教育都能够参加学徒培训。因为范围大，现代应用型技术教育可以报名即开始培训，任意时间段都能到院校进修上课。另外，对教学限期也不统一要求，所以在上岗前完成学习，掌握一些就业岗位常识、技能，从事该工作基本上没有问题。同样，在进入工作环境后，再想返回学校，边就业、边学习也未尝不可，这样还能提升专业技能，甚至可以在1~4年内完成技术资质审核。这样的现代学徒制人才培养模式灵活多变，不用脱离岗位就能进入专业机构学习技能，属于半工半读的人才培养路径。既能在现代学徒制人才培养模式的职业院校全日制学习，也能灵活安排时间，这对行业单位、员工、学生，都有极大裨益。他们可以按照现实情况选择合适本身的技术和技能培训、培训时间、培训地址、培训路径和培训老师等。

4. 扩大影响力，降低资本投入

普通本科院校的教育主要以研究性为主，而高职院校的教育主要是设备投入，尤其是对于工科高职院校而言，在设备的购置中，如果全部由学校出资购买，也不符合实际情况。加强学校和企业的联合基本上可以解决购买设备的问题，甚至于可以直接让学生进入相关专业的企业实践操作，这样既能减轻学校购买设备的资金困难问题，还能让学生直接进入生产一线学习最好最先进的知识。学生的学费和保险，可以让企业承担一部分，基本上能保证学生的学习和工作，也可以间接地为企业带来经济效益。这样的背景下，能让教学里的显性知识和隐性知识融会贯通，对具体问题提出具体的解决方案，对学生和学徒这两个截然不同的身份进行双标准的体制管理，对课堂教学内容实现有建设性的安排和规划，不断研究、更新最前沿的科学理念和方法，依据行业企业的标准来制定评估体系。学生在毕业后可以直接成为企业员工，学以致用，毕业就工作，基本上省略了许多企业面试、企业培训、企业实习期等环节。学校要是能直接把培养的学生送到相关企业工作，就无形之中为学校树立了一个品牌，能为学校争取到更多的招生名额，也能把学生的整体质量提升，还能提高相应的业务水平。

第二节　学徒制现状的困境与反思

20世纪50年代，我国部分地方和有关教育的机构对职业化教育的人才方式进行了探讨并且从中得到了很多有益的经验，但也逐渐暴露出许多问题。

对公司经营方面而言，我国公司参与到教育中的法律法规还不是很完善。公司在法律上没有被硬性要求参与到教育中去，而且他们在教育中也得不到关乎利益的东西，最重要的是他们在教育方面投资风险很大，没有担保人。从经费方面看，政府对职业化教育的投资还远远不够。像美国这样的在经济方面占很大优势的国家，在职业培训学校建立所花费的钱比普通学校要高很多，但是我们国家正好相反，这就导致了公司与教育接轨的难度不断增大。

从职业化教育来看，通过公司和学校站在统一战线来达成发展职业化教育的目的还有一定的路程。从财力来看，大部分国家单位都选择了专门有一项支出是为了职业化教育然后再加上政府的经济支持。它的劣势是：政府经济支持远远不够，造成学校都费尽心思地去申请，然而这需要消耗大量的精力和时间，对它的发展又造成了一定的影响。从职业化教育来看，这还远远不足以为公司创造价值，因此这就又为学校和公司的合作加大了难度，高职院校的社会服务能力还有待于大幅提高。

一、难以激发企业的参与热情

职业化教育是以教育为主,而公司最根本的是利益,他们二者之间就有根本性的不同,那么在以后的交流中势必会有各种各样的问题不断发生。不解决这些问题,二者的合作很可能在摩擦中戛然而止。

从两者的根本利益来看,职业化教育的学校在乎的是如何教育出能够适应当下社会的人才,而公司看中的则是这个学生能不能为公司本身带来质的飞跃从而达到自己发展的目的。在现实中,他们的矛盾也是各种各样,如,关于学生在公司方面拜师学习的费用,学校觉得学生最后成为公司的人,所以费用应该是公司提供,但是公司又认为这是学校的学生,就算最后培养出来也是学校的人才应该是学校来承担。总而言之,两者在根本利益上的不同,制约着学徒制模式的运行与发展。

政府也曾多次提出企业要辅助职业化教育的发展,但是由于种种规定的不健全和沟通的不畅,很多企业对于和学校的合作望而却步。他们害怕学生来到公司后影响自己企业的发展,降低企业的收入。这些便是公司和职业化教育的学校难以合作的原因。所以,目前最要紧的就是加强公司和学校之间的交流。

在西方,公司的作用非比寻常。公司要是对学校的合作产生强烈的兴趣,学徒制的发展便会相对容易。同时,公司和学生必须是基于双方的意愿。如果把西方国家企业在教育中所起的作用搬到我国来,学校和公司之间的联系如何确定,公司在教育方面又该是什么样的地位,怎样切实保护学生在公司的个人利益,这些问题都是我国在职业化教育方面所需要解决的问题。

二、难以调动"师傅"的积极性

现代社会下的徒弟不再是只有一个师傅,而是学校的老师和公司的师傅一起来教。也就是我们所说的"双导师"。然而,实际中的"双导师"是什么状态呢?教育方面的老师只知道理论知识,对企业的一线了解不多;企业师傅虽然比较精通生产一线的业务知识,但是对于如何让自己的经验变成教学计划、教学内容等方面可能是他本身的一种缺陷。所以，如果两个老师的教育水准都不高，那么对于学生的教育影响会很大，增加学徒制度适应现代社会的难度。要将学徒制度适应现代社会，强大的师资资源就是必不可少的。

从知识的内涵和形式的角度来看，技术与科技这两种不同领域的专业，两者知识大相径庭。尤其是技术类的知识，很难用纯理论的显性知识、书本内容、老师课堂讲授来彻底灌输给学生。唯一能让学徒学到应用型技术知识的方法就是让其到生产操作一线，由有经验的专业人员手把手、言传身教地教给学徒，进一步让其得到实实在在的实践操作经验和技巧，能担负起行业企业员工的角色。显而易见的，一旦行业内有经验的从业人员缺席了现代学徒制人才培养模式的教学环节，那么，即使这种教学模式有足够的理论基础做铺垫，还是无法培养出真正的应用型、复合型人才，仍缺乏其竞争力。所以，在应用型职业技术教育教学过程中，行业有经验的专业从业人员是必不可少的环节。但是，当下应用型技术人才培养模式的相关理论科研大多侧重于行业专业人员的工作经历、技能水平，而不是其技能培训实力，忽视了行业专业人员在树立应用型技术人才培养体系中最为紧要的一些培养过程。

以宏观层面来看，行业一线有经验的技术老师富有责任心地去教育、指导学生，还是存在一定难度。若是行业一线从业人员在这一现代学徒制应用型人才培养的过程中，得不到较大的回报和福利，那么恐怕没有很多人能够继续全身心地投入到校企合作的人才培养机制当中。而且，所谓的同行是冤家，行业一线专业老师如果培养出数目庞大的弟子，其自身的岗位就有不保的危机。所以，很少有人能主动地参与对应用型技术院校学生的培养。毕竟当下处于市场经济的大背景下，各行各业都有相当激烈的角逐，就连行业专业老师和应用型专业的学生也不可避免，害怕"饭碗难保""饿死师父"的局面发生。因此，尽管企业曾经试图通过某些奖杯、奖状、福利等实际的东西来嘉奖尽心尽力培训应用型职业学生的行业员工，然而，市场竞争是异常激烈的，一旦老师和学生处于同一行业，就形成了对立的局面，要想提高师傅在传授经验的积极性，必须解决师傅的后顾之忧，尤其是师傅和徒弟往后要形成竞争关系，甚至说可能超过师傅，要加强相互的之间的互信度。

三、固有思想难以接受"学徒制"教育

社会上对"现代学徒制"缺乏深刻的领会。因此，应用型技术院校、行业、家庭、行业协会、相关部门等都应共同协助现代学徒制的人才培养。从相关部门角度来看，应该以优惠政策加以扶持现代学徒制相关的学校、企业，加强校企合作的政策力度，并资助其培训的所需资金。从应用型院校角度来看，学校正是在政府部门的指导下开展应用型教学，并达到人才培养的目的，进一步规划所学专业的路径。政府部门还可以激励老师向双师型教师的目标奋进，在行业一线实际操作、锻炼，再回到课堂中以自己的经验传授给学生。另外，课程体系和专业教改都十分重要，不论是教学方式还是管理途径，都缺一不可。从企业的角度来看，行业企业在实践生产中制定了专业的标准，需要把标准反馈给学校里的师生，并且还要接纳优秀专业人才作为企业发展的后备军，激励、奖励在生产一线表现优良的学生。从家长的角度来看，有的认为到技术单位上岗即脱离了学校体系的基本范畴，因此，家长难以全力以赴地支持孩子。学生在选择是否进入学徒制阶段锻炼举步不前，进入学徒制班进修的积极性不高。

现代学徒制试点工作历来备受关注。在近年来政府相关部门出台的规划文件中明确，相关部门和地方要全力扶持现代学徒制技术人才培养模式的运行，并且行业公司和应用型院校的合同必须有法可循，推进校企合作制度化。国家出台的与教育紧密联系的规划文件里指出，应用型技术人才培养试点必须纳入院校的建设计划之中，并且要齐心协力，把相应的规章制度、法律法规具体化，细致化，在全国范围内让应用型专业技术人才培养的工作如火如荼地展开。应用型技术院校的现代学徒制学生可否顺应企业及各个方面技能从业人员的标准，由应用型技术专业学校对行业前沿的理解、对行业生态环境的体会决定，而在这方面，高职院校的市场敏感性是远远低于企业的。在欧洲发达国家对于现代学徒制技术人才培养模式的研究中指出，唯独相关企业最知道它生存的行业依靠什么级别的技术人员、就业的前提就是保证所有的学徒能顺利毕业。目前，现代学徒制技术人才培养模式的应用施行适才起步，但相较其他同样施行于应用型技术学校的人才培养模式，显而易见的，学校往往并不重视、相关政府部门也很少给出具体优惠政策扶持现代学徒制的发展。

应用型技术人才培养模式到底是要随大流地融入当下的专业技术教育模式，抑或是迎合行业市场，又或是取其所长，补齐短板，这将是值得相关教育工作者反思的命题。

此外，目前施行现代学徒制技术人才培养模式的应用型学校，深刻剖析其教育教学制度，普通应用型教育和现代学徒制人才培养模式仍旧是"两张皮"。如若不能厘清以上的问题，不能清晰地领会现代学徒制应用型人才培养模式的界定，极易造成应用型技术学校的实践教学改革试点陷入"穿新鞋走老路"的困境。

四、国家层面规则和政策保障的缺失

高等职业院校的教育长久以来就脱离社会的需要，尤其是各个岗位的需求，甚至培养出来的技术人才没有办法满足企业的需要。由于以上的各种各样的原因，各个地区的政府、学校和企业也展开了相应的改革措施，让这种学生与学徒的方式融入相应的职业教育中去。20世纪90年代，政府相关部门下发了学徒制的相关规定，建议让行业单位内的专业技术大师带头，实行具体的初级技术人员培训活动。其目的一目了然，就是让这些行业企业内的高级技术人员成为应用型教育的主要师资力量，充实应用型教育的培训制度。尽管出现了重重困难，阻挡了这种行业专家培训技术人员的制度施行，而相关行业机构也没有对其有所侧重，归根到底，标志着我国开始了新学徒制的摸索和实践。若干年前，以江西为代表的地方政府也相继发布了现代学徒制应用型人才培养方面的政策对其进行扶持，这是我国第一个在地区范畴内试点现代学徒制的省份。2011年教育部在《关于推进高等职业教育改革创新引领职业教育科学发展的若干意见》中指出"鼓励职业院校和企业合力开展先招工、后入学的现代学徒制试点"，这是国家部委的文件中第一次涉及现代学徒制这一理念。教育部在2014年8月25日发布了《关于开展现代学徒制试点工作的意见》，表明现代学徒制试点工作进入完全推进阶段。

（一）学徒制当前所面临的问题

1. 法律法规等方面的缺失

应用型专业技术人才培养想要良好运行，政府相关部门的优惠政策扶植、校企合同的规范化都至关重要，更需要组织保障使其良性发展。实现学校企业合作的升级，充分释放两者特有的能量，帮助学生同时获得专业技能、理论知识、学有所用、实践实战，沉浸式地感受企业文化，最终让学生各方面都有提升，达成实践育人的目标。同时，在操作层面缺乏具体的推进策略，由于现代学徒制属于隐性知识和显性知识结合教学，所以导致了其评价体系也需要双重标准。

2. 统筹管理推进不力

基于现代学徒制应用型人才培养模式是一种涉及面多且广的新型实践教育理念，因此，应用型技术院校、行业、家庭、行业协会、相关部门等都应共同协助现代学徒制的人才培养。譬如说，缺乏相关法律法规的限制和规范化管理，那么很有可能导致相关市场无人监管，进而破坏应用型技术人才培养院校的教育教学工作，包括实践实习、半工半读、定岗实践、生产操作课程的安排设置等。又如，应用型技术人才培养管理混乱，则有可能使得相关职业院校的师资、设备得不到更新优化，培养出来的学生自然难以在行业单位的岗位一线立足，十分消耗社会和行业的资本，让应用型技术人才的培养停滞不前。综上所述，只有构建起能全心全意、尽心竭力施行，管理现代学徒制应用型技术人才培养机制顺利运行的单位，才能使社会资源被充分利用，最大化地缩减浪费情况。

3. 学历证书与职业资格证书分离

在进行学徒制人才培养的同时，学生还需要考取资格证书。此外，能否取得资格证书对于现代学徒制来说非常重要。证书作为一种考核形式，需要学生在规定年限内通过某种检验。所以，应该让企业担任技能资格证书制定者的角色，同时行业也认可这些资格证书，这与现代学徒制教学模式息息相关。技能认证书是学徒掌握某种技能的可靠凭证，同时也是学徒在行业就业时的重要砝码，这为学徒制的施行增强了原动力。否则混乱的行业生态环境下，发放和考取资格证书的标准五花八门，取得职业资格的学生或学徒也无法进入普通高等学校学习。综上所述，必须把资格证书、应用型技术院校的毕业证纳入同一套人才考核体系，形成互相包含的态势，否则将严重影响现代学徒制应用型人才培养模式的长期发展。

4. 行业企业缺位

行业企业缺乏培训热情，培养级别不高，培训补贴政策不到位，人才教育的质量难以得到保障等，合作关系的建立必须要考虑到学校和企业的共同利益和各自利益，这样才能形成一个稳定的合作方式。从相关部门角度来看，应该以优惠政策加以扶持现代学徒制相关的学校、企业，加强校企合作的政策力度，并资助其培训的所需资金。让校企合作契合度更高，更加亲密无间。在相关政策方面，只有不断地完善应用型教学领域的政策和规章，以及劳动法等法律法规，让现代学徒制应用型技术人才教学模式得到最大程度的政策保障，才能在这条道路上越走越远，越走越好。

5. 宣传认识不到位

对于现代学徒制这种新兴的应用型技术人才培养模式，我国社会普遍缺乏体会和意识，尤其是涉及相关部门、行业公司、应用型学校、家庭等，很多人都把现代学徒制应用型人才培养模式当成一种与劳资合同有关的事物，而不是一种实践教育教学制度。如果任由以上的思维定式固化，就无法形成一种能够推动现代学徒制人才培养模式良性、可持续发展的社会力量，还会更加难以提高相关公司、单位的参与培训的程度，无法使其得到最大的资源匹配以供发展。

（二）我国现代学徒制试点工作的政策反思

要想让应用型专业人才培养的道路更加平坦，就要从专业培养入手，从应用型教育本身入手，同时对欧美等地区的应用型教育方法和路径做深度剖析研究，从理论的角度发掘其中能为我们所用的东西。对此，主要有以下几点。

1. 建立实施现代学徒制的相关法律法规

要解决学徒制身份问题，必须继续完善我国的现代职业教育的法律法规。一些发达国家，在推广学徒制改革过程中，都非常重视法律法规的建设。在德国，通过《职业教育法》等法律制度来加强应用型技术人才培养模式，强调各方面与应用型教育模式有关的机构协调并合力完成应用型技术人才培养制度的修订、施行、统筹安排等工作，这些有一定联系的利益者在政府的角度来说，是政府相关部门、各经济领域的单位机构、公立职业技术院校。各个州，尤其是各个州的教育和文化，还有相关的行业协会等。除此之外，德国还有一系列的保障体系，首先是全面的法律法规，还有在企业实习后，也有相应的收入来源、保险等福利和待遇。因此，我国相关政府部门非常有必要和地方政府及其他相关机构等，不管如何试点，也不管怎样研究，一定要保障各方利益团体的基础上，进行有针对的选择，明确各方利益群体的权力和义务。

为推进现代学徒制的运行，依法保障相关机构、个人的利益，很多欧美地区都出台了相关法律法规。在一些地区，应用型专业技术人才培养想要良好运行，政府相关部门的优惠政策扶植，校企合同的规范化都至关重要，更需要组织保障使其良性发展。实现学校企业合作的升级，充分释放两者特有的能量，帮助学生同时获得专业技能、理论知识、学有所用、实践实战，沉浸式地感受企业精神，最终让学生各方面都有提升，达成实践育人的目标。如英国在2009年发布的《学徒制、技能、儿童与学习法案》，完结了200多年英国学徒制无法可依的局面。目前，中国的应用型人才培养模式构建还在初步完善阶段，还需要有长远的眼光和有目的性的制定相关政策和法律法规，保障现代学徒制应用型教育可以长期、有效地培养出大量高等级人才。我国现代学徒制试点工作有序推进的基础是尽快明确它的正确位置。

2. 设置推进应用型技术人才培养机制的院校和单位

很多欧洲发达国家多年前就开始施行现代学徒制应用型人才培养的相关机制，如相关教育法、劳保机制、相关技术公司企业法律法规、实践教育机构等一系列配套的应用型人才培养运行机制，让应用型技术教育施行的过程畅通无阻，使学徒制各环节的运行更加衔接和顺畅。如英国、澳洲两国都建立了为行业企业及应用型技术专业学生免费提供帮助的部门，让应用型技术人才培养的顺利施行有了强大的后盾支撑。现代学徒制应用型人才培养模式中。应用型技术院校、行业、家庭、行业协会、相关部门等都应共同协助现代学徒制的人才培养。基于行业公司与应用型技术院校本质和内涵意义、组织文化之间的差异，两者之间的冲突不可避免，只有通过政府充分发挥引导作用，各方寻找到合作交流的契合点，才能缓解该矛盾冲突，完善应用型人才培养体系构建的协作力。

3. 完善国家职业资格制度和体系

通过完善相应的职业资格证书制度，整合教育资本，创设连接基本技术学习、技能养成和培训、继续深造和提高级别的学习机制，让应用型技术人才培养有所依托，为应用型技术人才培养创造良好的外部环境。现代学徒制人才培养模式可以把评估标准与学生能否顺利取得资质证书相关联，这样不仅让学生更有学习兴趣，还能增加市场竞争力。应用型技术人才培养机制通过制定适当的人才评价标准，与相关技术资质证明紧密链接，在进行学徒制人才培养的同时，学生还需要考取资格证书。此外，能否取得资格证书对于现代学徒制来说非常重要。证书作为一种考核形式，需要学生在规定年限内通过某种检验。以英、德等欧洲发达国家为例，检验学徒制教学基础的标准之一就是以等级检验教学成果的门槛。用技能资格证作为评判准则，可以使人才培养更为有效，为现代学徒制的试点打下坚实根基。

4. 充分发挥行业企业的积极作用

企业与学生签订的学徒合同应在国家对现代学徒制的立法中界定其性质，但不宜等同于我国劳动法规范的现行劳动合同。第一，我国职业教育推动现代学徒制试点时应该吸收西方学徒制中"企业主导"的思想，通过采用企业和职业院校供给的学徒培训处理的方式，减少企业参与学徒培训的资本，提高其参与的积极性，并实现高职层次下的企业先招工、学校再招生，即随着我国职业院校招生逐渐实行注册制入学，可以由企业和职业院校联合在生源市场进行宣传，并同步招工并招生。第二，可以先由我国教育部与人力资源和社会保障部比照当前我国的劳动法律法规联合出台规范学徒合同的行政规章，应界定其性质为准劳动合同。对此可借鉴德国学徒制的做法，企业虽然先招工，招来的学生并不是企业的雇员，而是准雇员，因此学生在学徒培训期间企业应按此行政规章给付津贴（非工资），但其数额应该参照发达国家运行该制度的做法由本地的政府相关部门量化最低支付比例，并在此规章中规定受训者在企业进行学徒培训期间的工作时间、工作条件、考勤制度、薪资发放等与企业职员同等福利。社会保险中除工伤保险外的其他项目则可要求企业建立预支科目，并可在企业税前所得中扣除（须得到国家税务总局认可），待学徒完成技术教育课程后，于正式签订公司劳动合同后，去当地的社保机构补缴这些费用。若学徒拿到文凭后并没有去该公司上岗，那么就会延期缴税。第三，政府对参与学徒制培训的企业提供的培训服务进行购买的行为，可借鉴英国学徒制的做法，以项目为载体，可以实施培训前支付总培训经费的 60%，培训完成通过考核后再支付剩余的 40%，且该笔经费先支付到与企业合作的职业院校，再将职业院校与企业根据具体分工来分配，并由当地政府审计部门于事后出具相应的经费使用审计报告。第四，由教育部与人力资源和社会保障部共同出台规范学徒合同的行政规章，在施行一段时期，制度成熟之后，也可由相关政府机构和部门在修订《职业教育法》时融入这方面内容。

德国"双元制"是最初的现代学徒制度，而行会组织在"双元制"职业教育中施展了极为重要的作用。以欧洲发达国家为例，如德国，通过《职业教育法》等法律制度设置的应用型技术人才培养模式，强调各方面与应用型教育模式有关的机构协调并合力完成应用型技术人才培养制度的修订、施行、统筹安排等工作，这些有一定联系的利益者在政府的角度来说，是政府相关部门、各经济领域的单位机构、公立职业技术院校。在州层面是各州教育与文化事务部、各州相关经济部门、各州教育与文化事务部长联席会，在行业和地区层面是行业协会。不仅如此，德国还有十分完备的法律制度体系来构建现代学徒制职教模式，明确企业招工后职业学校招生，应用型技术专业的学生学习、实习过程中生活、收入、保险各方面的制度保障。因此，我国相关政府部门非常有必要和地方政府及其他相关机构等，在试点探索的基础上进行充分调研，做好顶层设计，以促进我国现代学徒制试点工作的切实开展。

5. 深入开展舆论宣传工作

国外在建立现代学徒制的过程中，重视发挥舆论宣传作用。譬如澳洲政府相关部门开展了学徒形象大使计划，这样既能让社会公众重新认知这个应用型技术专业体系，也可以激励学徒和学员做好职业生涯规划。英国政府设立的学徒制官方网站提供了大量宣传学徒制的信息，还就学徒制空缺岗位为雇主和学徒双方提供匹配服务。因此，我们各级政府、行业和学校要加强对现代学徒制人才培养组织形式的宣传，更新企业、学生、家长的观念和意识，特别是让行业公司认识到：协同配合现代学徒制应用型技术教育模式，不仅是其应尽的义务，还有助于提高行业市场竞争力，促进其发展。可以通过电视、广播、报纸和创办现代学徒制网站，宣传开拓现代学徒制，对积极参加现代学徒制的行业和企业实施大力宣传，扩大企业的知名度，创造一个适宜应用型技术人才培养模式运行的生态环境。

6. 明确高校学徒制定位

以高职院校的专业为基点开发符合中国国情的学徒制框架，明确学生参与现代学徒制培训时在学习上的权利与义务。鉴于中国地大物博的特点，各省的情况和现代化进程迥异，因此发展现代学徒制不宜采用欧洲，尤其是以德国双元制为代表的现代学徒制应用型技术人才培养体系，反而是英国的应用型技术人才培养模式更加恰到好处。可是，鉴于目前我国高职教育的现状，如果把现代学徒制人才培养模式的运行围绕项目进行，是不切合实际的，而且还必须把该人才培养模式体系框架构建的权力下放到各省教育行政部门。欧洲发达国家就有很多相关法律法规，各省教育管理部门可以参考欧洲发达国家学徒制的做法，譬如说，德国出台的"框架教学计划"，以及澳大利亚的"培训包"等。以上例子都具体细化了学徒的技能等级标准和技术要求，有些规定还详细列举了形式、训练方法。当中的培训条例应对培训专业的名称、时间长度、所授的知识和技能、测验等做出详细的安排，框架教学计划可按学年划分，对学习范围、目标、内容、时间等方面做出详细安排。该专业学徒制推进工作协调委员会还要将这两块内容的制定与人力资源和社会保障机构的行业职业资格准入联系起来，将通过该职业资格考试作为考评学徒是否合格的标准之一，并纳入制定的文件中。

第五章　现代学徒制特色案例及启示

　　随着经济社会的快速发展，给世界各国带来信息互通、资讯互通等便利的同时，各种竞争的压力也呼啸而来。在各类竞争中尤为引起大家关注的就是人才的竞争，近年来人才的竞争一方面表现为高端人才的竞争，另一方面也表现为技术技能型人才的争夺。为了在当前技术技能型人才竞争中保持一定的优势，西方国家采取了3个方面的措施：第一，在职业教育中实现现代学徒制模式的全面融入，将职业教育当作重要国策坚决推行；第二，将技术技能型人才的培养当作国家人力资源开发的重要一环进行深度开展，并制定政策予以配套保障；第三，将职业教育与其他层次教育通过"教育立交桥"模式打通，形成整个社会"崇职尊职"的氛围。

　　当前，我国职业教育的发展也存在两难境地：一方面，外部环境对"职业教育"的认识不足、关注不足、理解不足，造成了对职业教育的长期忽视，甚至在就业政策制定、招工选人等环节还存在一定的歧视。另一方面，职业教育自身在人才培养目标、人才培养过程和人才培养定位等方面，与现实环境、企业需要等均存在差距，这也就从客观上造成了其培养出的人无法适应行业的需要，存在着职校生就业困难，甚至被边缘化的倾向。因此，发展"现代学徒制"，是坚定不移走"职教兴国"战略规划中的重要一环，是巩固我国在工业制造领域核心竞争力的重要一环，是缓解当前日益严重的结构性失业矛盾的重要一环，对解决当前我国所面临的人才问题、供给问题和教育问题等具有决定性的作用。

　　基于以上背景、问题及原因，本章节试图通过对中西方国家在实施现代学徒制教育模式中政府的职责、作用的专门研究，为我国当前背景下发展实施现代学徒制的意义提供一些借鉴。

第一节　德国学徒制的转型历程

在德国，职业教育的现代学徒制教育模式，有一个更简洁的名称——"双元制"（或"二元制"）。这种模式之所以能够深入人心，有其十分显著的特色或者原因：其一，德国实施了全员化、全域内的职教培训，一半以上的适龄学生均参加了为其制定的职业教育培训，其中有绝大部分学生还参与了有针对性的职业岗位训练；其二，德国十分注重对在职产业工人的职业再培训工作，有相当一部分工人在岗接受政府提供的职业领域的培训，且培训后的再就业率高达 95%以上；其三，财政支持力度加大，所有参加培训的学员，均可领取每月 795 欧元的专项补助，这在一定程度上提高了产业工人参与培训和再学习的热情；其四，承担现代学徒制培训的主体是大型企业，政府管理部门均作为组织者，在德国 210 万家企业中，有将近 50 家企业不同程度开展各类学徒制培训，政府与企业共同承担培训所需资金，学员培训结束后在相应企业实现就业；其五，通过开展现代学徒制培训，实现了对中小企业的扶持，使其竞争力日益加强、优势特色日益显现。

一、德国学徒制的转型历程

德国的学徒制历史悠久、底蕴深厚，经历了"行会学徒制"和"工厂学徒制"两段清晰的发展历程，这其中既交杂着工会组织与行会组织之间的发展壮大，又交杂着其他相关部门之间的利益纠葛。德国学徒制就是在这样的历史背景下，逐渐走向"现代化"，为后来闻名于世的"双元制"打下了深厚的基础。其实，德国的学徒制历史还可以追溯到早期的手工工匠、技术工人时代，这些发展轨迹理应成为其现代学徒制形成的基础和积淀。换言之，新时期的现代学徒制模式继承了早期学徒制的优势，扬弃了封建特色的深厚痕迹。

1. 行会父权主义管制与学徒制技能形成

"行会学徒制"是德国早期的学徒制形成组织，在行会组织体系中，商人行会占有较大的优势和实力，成为早期实施学徒制的主要组织。随着手工业的大量发展,"手工业行会"逐渐形成,开始加入到学徒制组织的体系中,并日益发挥重要的作用。德国的手工业行会主要是由具有一定的技术优势的师傅阶层发起成立,在13世纪末开始逐步介入到学徒制的技能培养体系中,有着相当完善的制度措施和规范性管理规定。

14—15世纪时期,德国的各大城市均开始出现大量的行会组织,并呈现日益兴盛的局面,尤其是法兰克福、汉堡等重要城市,行会组织的数量更是达到100余个,影响力也达到鼎盛。德国各级政府通过行会组织的力量和优势,实现了对分散性手工业主的有效管理;同时,各类手工业工厂也借助行会组织实现了充足劳动力的供给,尤其是绝大部分劳动力还处于十分低廉的情况。值得注意的是,行会组织能够轻松实现对政府部门利益诉求的迎合,又能得到广大分散性工厂主的热烈回应和参与,概括起来有以下3个方面的原因。

第一,行会组织在德国占有举足轻重的作用。翻阅大量的文献资料,虽然对这段历史的描述或有差异,但在概述"行会组织"的历史意义及作用时,中外文献都给予了充分、高度的评价,甚至有部分专家更是认为行会组织支撑着这一时期的德国社会经济的发展,而经济又直接决定了这一时期的政治坏境。自13世纪中叶开始,德国霍亨斯陶芬王朝开始显现出衰败的痕迹,政府执行力下降、民怨开始出现,一大堆社会问题逐步暴露,直至出现了分裂的局面。德国社会萌发了一些半独立性的"诸侯国",并开始在"诸侯国"的基础上衍生出大量的商人、工厂主等自由组织,这些具有经济独立形态的"诸侯国"就是行会组织的早期雏形,并开始尝试探索新型的治理模式和框架。其一,在政治权益上,围绕这些"诸侯国"建立其适合自身的经济政策、议事框架,并逐步拓展到与其他诸侯经济组织对外交流、货物流通、商贸往来的活动中,新型的行会组织系统逐渐形成。这个系统后来成为与王室、贵族直接洽谈利益分割的重要组织,也成为征收各地税收的主要工具。其二,在经济利益上,行会组织通过与各类政治势力的博弈,实现了自身的独立经济权益和形成了大量实体,甚至获得了分割各种经济利益和衡量各类经济实体优劣的权力,政府组织、其他各类社会组织等对行会组织的依赖性越来越大。其三,在法定权益上,随着行会组织的势力扩大,社会对其依附性加强,德国开始立法确定行会组织的权利与义务,这就更加增长了行会组织的治理权威。这些悠久的行会组织治理模式,成为德国社会治理框架中的重要一环，也为日后学徒制的不断壮大提供了重要支撑和保障。

第二，行会组织推行"强制会籍制"。德国行会组织长期以来均推行强制性会籍制度，主要表现为以下几个特征：其一，所有从事商贸活动的工厂或作坊必须加入相应的行会组织，并无条件接受其管理，否则禁止其进行商业活动，所属的个体禁止从事相关的职业活动。其二，强制性制度要求行业内不得出现不正当经济竞争行为，对同类型的商品和货物进行统一定价。其三，通过法律条文、政府规定等形式强力保障行会组织的管理行为落到实处，并增加其有效性。其四，强制性制度从某种程度上提高了师傅的权威性，确保了学徒制模式的稳定性和维护了学徒技能形成的有序性。

第三，行会组织形成父权主义传统。行会组织的父权主义传统根深蒂固，几乎伴随着行会组织的整个兴衰史，表现出极其显著的特点：其一，父权主义传统是典型的自我保护主义的产物，从最开始仅仅是针对城市贵族和王族的利益群体，到后来演变为抵抗大资本家、大财团的侵蚀，是行会组织得以存在、发展和壮大的重要基础，这也成为传统学徒制被许多学者诟病的重要原因。其二，父权主义构筑起了德国社会传统学徒制管理的基本构架，是衡量学徒成绩、监管学徒行为和促进学徒进步的重要尺标。翻阅相关文献资料可以得知，父权主义在行会组织中的存在和发展，成为德国社会伙伴制管理模式的形成基础，极大地推动着"师"与"徒"这种原本松散的社会关系走向契约化、规范化，有力地推动着学徒制模式走向成熟。

2. 重回集体主义管制：行会学徒制的工业化转型

第一次工业革命以后，技术变革推动着产业发展，日新月异的机器化生产进入城市、乡村，进入包括小作坊在内的各种生产线上，德国传统的行会制度在逐渐市场化的面前遭遇到了挑战，越来越多的人开始试图脱离行会制度的束缚，独自走向市场去寻求发展的空间。尤其是一些长期掌握技术的"师傅"，也嗅到了市场的发展方向，开始违背行会组织章程面向社会广收学徒，行会组织对个人及群体的约束力越来越弱，在整个社会中的执行力、权威性大打折扣，人们开始怀疑其存在的合理性。那么，第一次工业革命的发生究竟是怎样影响着行会组织的存在？背后究竟存在着什么样的力量在推动着社会的变革？

第一，机器化大生产的工业革命对传统的手工作坊生产方式进行了彻底的摧毁和冲击。传统的行会学徒制主要依赖于"师傅""徒弟""其他人员"的形式存在和维系，师徒之间的关系是行会学徒制存在的基础，而手工作坊中"其他人员"在一定条件下又会与其他两者之间生成新的"师徒"关系，并持续往前发展。而新型的机器化大生产车间中，"师"与"徒"的关系换成了"工头"与"工人"的关系，除了上下级的管辖之外，并无直接的技术授予关系，机器化大生产对工人的需求变得更加功利，对没有基础、没有技术、没有行业工作背景的人员设置了更高的准入门槛。

第二，机器大生产的实质是自由市场经济的形成，竞争性生产行为的大量出现，直接粉碎了行会组织的存在形式。其一，传统学徒制的模式主要是以家庭作坊的形式出现，生活与工作、生产与学习之间的关系融为一体，"师"与"徒"之间的关系延伸到生活层面，甚至延续到周围人的社会关系中。而机器化大生产的车间中，人与人之间的关系变得更加单一、更加冰冷，人们之间除了单纯的雇佣、工作关系外，没有直接的生活关系，甚至每个工厂之间还会存在着明显的竞争关系。其二，机器化大生产的实质是资本的逐利行为，传统的手工作坊学徒制主要是为了解决生计的行为，二者之间存在着明显的差距。当资本的力量在社会中逐渐显现，传统的仅为解决生计的学徒制行为就遭遇到挑战，更多的人和组织前呼后拥地进入到资本市场寻找机会。师傅与徒弟之间不再是单纯的私人情感关系，很可能还会演变为竞争关系，作坊与作坊之间也不再受到行会组织的约束和管理，甚至演变成行业内的商业竞争对手。

第三，民主自由与经济自由思想的深入人心成为压垮行会学徒制的最后一根稻草。其一，伴随着德国社会工业革命的持续性推进，越来越多的人开始进入到各类产业生产中，自由办企业和自由进行市场经济活动的呼声越来越高，直接挑战着传统行会学徒制的垄断地位。其二，在行会学徒制中，徒弟对师傅的人身依附性较强，徒弟的生存、就业和发展均受到师傅的深刻影响，师傅对徒弟劳动力的压榨成为一种"当然"的存在。随着自由主义思想的深入人心，社会思潮的进步深刻影响着社会青年，一大批新时代的技术学徒试图挣脱师傅的束缚。于是，传统的师徒之间的"人身依附性"存在，就演变为师徒之间的"经济依附性"存在，资本的逐利性开始影响人与人之间的关系。其三，社会思潮的变化直接影响了行会组织的存在形式,当社会行业中原有的监督形式、秩序平台崩塌的时候,政府组织便开始出现维护秩序,新的秩序行为就在混乱的社会中开始形成。

第四,德国政府机构对行会学徒制实施了有步骤、有计划和持续性的干预。德国政府力量对行会学徒制的干预是一种持续性行为,这种干预既实现了政府权威性和权力的彰显,也实现了德国的工业体系完成现代化转变,大致可以概括为 3 个阶段:其一,初步阶段,大致发生在 1733 年至 1794 年间,德国社会先对行会学徒制中的学制年限、学徒准入资格和师傅的责权等做了详细的规定,这在一定程度上限制师傅权力的同时,也开始着手保护学徒的基本权益,甚至对师傅及行会虐待学徒的行为也形成了强有力的约束。即便如此,这些制度的存在所能发挥的作用仍然是极其有限的,因为支撑"行会学徒制"的基础及根本并不是这些外在的约束形式,而是"强制性入会制"这个本因。只要这种形式在某种程度上尚且存在,就会影响其他制度功效的发挥,甚至被逐渐消解和蚕食。其二,深入阶段,大致发生在 1869 年德国颁布《北德意志工商条例》以后,这个条约的最大成功之处在于直接废除了"强制入会制"。于是,一大批学徒在行会中被迅速"松绑",自由、平等的思想进一步得以普及和传播,行会中师傅对学徒的束缚力逐渐缩小,更多地学徒开始进入到大工厂工作,从以往充当师傅的廉价劳动力开始成为雇主的廉价劳动力,其社会地位在本质上没有得到根本性变化。此外,大量学徒从行会涌入到工厂也造成了另外一个极端,那就是不再有人热衷于埋头苦干学技术,而是将眼光更多地盯准了可以实现"现价交换"的岗位,这在一定程度上对于传承技能性岗位而言是一个极大的挫伤,工人手中的技术技能水准迅速下降。其三,改良阶段,大致发生在 1897 年德国《手工业保护法》颁布之后。《北德意志工商条例》所带来的弊端很快被德国政府所认识,在进行深度调研和充分平衡各方意见之后,德国政府着手进行长达十余年的条约制定与修改,修改后的条约就以《手工业保护法》的法令形式予以颁布。一方面,该法令提倡保护行会组织的存在形式,加以制度性限制,摈弃其封建性、垄断性等不合理成分。另一方面,该法令提倡市场的自由性和个体的创造性,在国家治理与行会自律二者之间寻求最大公约数,起到了积极的、深远的影响。它为德国实现工业化转型和现代化转型奠定了重要的基础,被许多学者称为"融传统性与现代性于一体的改良模式"。

3. 迈向现代化的德国学徒制

19世纪末，德国学徒制成功经历了转型和考验，在行会自律与国家法制规范层面做到了较好的平衡，既没有使大量学徒沦为工厂的廉价劳动力，也避免了学徒们继续经受传统学徒制的压榨，这也从客观上实现了学徒制的现代化转型，对后来的现代学徒制（双元制）的形成奠定了坚实的基础和坚强的制度保障。具体可以概括为以下几个方面。

第一，学徒制的管理和培训形成标准化。德国较早进行了学徒制的标准化管理和培训，这为其他国家的同类型政策实施提供了重要的参考依据。大致在1919年前后，德国政府部门就开始着手制定一整套的行业标准性文本，包括学徒合同文本、培训教材、行业标准及其他规范性文本，并逐步形成了全国性的职业培训委员会，负责指导各类行业的职业培训和学徒制模式的运行工作。在这样的背景下，各类行业的学徒制培训步入到有序的环境中，机械制造和手工业制造领域率先形成了富有自身特色的学徒制培训规范体系。

第二，学徒制的管理形成制度化。传统的学徒制往往具体化为师傅带徒弟的形式，师傅对于学徒技艺的传承受到客观存在和主观因素的较大影响，这其中包含情绪性或者随意性，究其原因是因为传统的学徒制是在"边干边学"中进行，传授的主体不太受到外界的约束性，具有很强的自主性行为。新的学徒制管理制度突破了这一瓶颈，着力于在制度上规范传授技艺的行为，尤其是强化对于传授技艺过程、形式和内容的监管、考核和量化，形成统一的教材、统一的标准和统一的空间化实践。这就有效避免了传统技艺传授过程的随意性，增强了对于学徒制模式的制度化管理，对当下的院校内学徒制教育模式有很强的借鉴意义，甚至部分学者认为是"现代学校学徒制教育形成的雏形"。

第三，放大学徒制模式的教育功能。在以往，行会学徒制更多地被认为是一种雇佣关系或者学艺关系的社会存在，直到19世纪末，随着工业革命的持续性推进，社会制度更加完善，经济社会高度自由的发展带来了个体自由发展的可能性。学徒制在单纯的雇佣关系存在的基础上，人们更加注意到了学徒制本身具有很强的教育意义。于是，一方面，德国政府开始制定各种措施将学徒制形成一种固定的国家教育形式，这就在某种程度上提升了学徒制存在的社会学意义，强化了学徒制在联系社会各层面时起到的重要作用。另一方面，传统的学徒制模式单纯注重技艺技能的传承，忽视精神层面的教化，新型学徒制注意到这些弊端后，放大了学徒制的教育功能，除了教会学徒技艺技能以外，也更加注重培养学徒的精神品质，尤其是对行业的热爱及对岗位的忠诚度等。这些措施的实施不仅扩大了学徒制教育的内涵，还提升了学徒制教育的层次。

二、"双元制"在德国领先的原因分析

德国的职业教育长期以来领先于世界各国，其学徒制的成熟程度也受到世界各国的广泛重视，归纳起来大致包含以下几点原因：第一，历史悠久，德国职业教育的学徒制模式历久弥新，可以追溯到中世纪左右，且施行的制度与社会经济发展十分契合。第二，德国注重扶持中小企业主，使其得以快速成长，影响力逐渐扩大，进而形成了商会级别的强大组织力量。第三，德国政府部门和商会组织注重对学徒的职业培训，经过长期的发展形成了一整套完善的培训制度和培训方式。第四，德国政府注重学徒制模式的法律保障体系完善，依托立法和规定等手段促进学徒制模式的发展。

德国学徒制模式的有效推广，实现了多方共赢的良好局面。政府部门通过推行学徒制模式，实现了对中小企业和行业组织的有效管理，社会治安得以改善，社会秩序得以维护，政府美誉度有所提高，受到大家的欢迎与赞誉。尤其当"学徒制模式"优化为一种"社会治理"，并得到全世界的赞许和推广时，德国的治理模式得以对外输出。企业主通过推行学徒制，可以储备大量的高素质技术技能型劳动力，为其进一步拓展生产空间奠定良好的基础。学徒制的直接受益者是劳动者本身，他们通过政府推行的学徒制模式，获取了技术技能的知识和能力，找到了合适自身职业发展的岗位，得到了社会组织的认同与肯定。

2008年金融危机爆发以来，当世界各地均出现大量的失业潮的时候，人们惊讶地发现德国社会的失业率却明显低于世界平均水平，这里面固然有德国社会劳动力紧缺等客观因素，但其"双元制"的有效推行，也是其较低失业率的重要原因。第一，双元制模式的推行，使德国青少年较早开始接触企业、融入企业和形成对行业组织的广泛认同感，这为其

走向社会奠定坚实的认识基础。第二，双元制模式在社会中得到广泛认同，人人对职业教育都具有理性的认识，这就保证了一大批人员热衷于从事技术工人岗位，也就客观上避免整个社会出现结构性失业的状况。第三，德国企业对员工的培养倾注了大量的人力和物力，员工从某种程度上已经物化为企业的重要固定资产。在金融危机发生后，如果一味地裁减员工，一旦金融危机结束后，企业很难招聘到优秀的员工，这就使得员工愿意与企业共同承担困难与风险，形成了一个坚实的命运共同体。

三、德国"双元制"模式对中国学徒制的启示

德国的"双元制"是一种典型的校企合作模式，中国长期以来的教育体制和企业体制很难产生这样的模式，也很难直接复制德国的这种模式。第一，中国的学校教育从某种程度上来讲，是官办体制的衍生品，虽然职业学校教育中也存在民办性机构，但仍然奉行的是官办的管理模式和运行机制。中国的企业中施行的是以市场经济为主的体制机制，讲究回报和等价交换，与官办体制下的学校教育存在着很大的差异性，要将两种体制融为一体，在目前来看存在很大的难度。第二，中国的职业教育从行业脱钩为教育行政部门管辖后，与行业组织的距离更加疏远，客观上讲学校教育受教育行政部门管理，行业企业受商务部门管理，两个行政部门之间存在管理上的差异性，要使其管辖范围的组织之间形成合作，需要跨越许多鸿沟，并不容易实现。

中国的职业院校和新建本科院校推行学徒制教育势在必行，既存在很大的空间，同时也存在很多急需解决的问题。第一，中国的职业院校一般施行的是最后一年到企业进行顶岗实习，前面三年或者两年在学校进行理论学习和校内实践，技术学习与理论学习之间存在着断档和脱离，既不利于学生认识理论知识，又不利于学生系统地掌握实践技能。第二，探索工学交替的模式看似是一种可行性方案，但在具体的执行过程中又存在诸多问题。比如学校教育的安排往往是以学期制来执行的，如何适应企业的需要，是很多职业院校目前尚未彻底解决的问题，加之教育行政部门对企业没有直接的领导和从属关系，其行政效能在企业中大打折扣，如何去吸引企业的合作热情仍然是值得思考的问题。第三，企业对于接纳学生到工厂实习、见习等，存在着一定的迟疑或质疑，现代企业

制度的逐利行为使其很难有耐性去培养一批批尚不完全具备生产能力的学生。此外，学生真正毕业后的去向企业也无法掌握，人才的可能流失加剧了企业对校企合作的质疑。第四，政府部门出台的政策很难在教育及企业间推行，其根本原因还是在于企业与学校的体制机制存在差异，就直接造成两个组织之间的有效交流较少，加之评价体系的差异又造成互动性流通成为一种奢望。第五，从劳动法的角度上认识，顶岗实习的学生还不完全是劳资形式的存在，企业在与学生的接触中，很难按照员工的标准去管理、培养，而学校与学生之间尚未结束学制年限的培养，就造成学生的身份很难被社会企业完全认同。因此，顶岗实习的学生要跨越成为真正的应用型人才培养具体实施方式，还需要建立完善的管理规定体系，而这些显然是学校或者企业单方面很难去完成和实现的。

第二节　英国学徒制应用案例及启示

英国在学徒制方面的推行，较其他国家有其显著的制度优势，其基本做法大致包含两个方面：其一，建立了完善的职业资格证书体系，分为八个等级，并在全国统一执行，有效缓解了资格证书在不同的政府部门相互不认可的现象。其二，建立了完善的公民终身学习和培训的制度体系，并将其纳入人事管理制度中，加以推行，有效解决了学校教育与社会教育之间脱节的问题。

一、英国职业教育的现代学徒制的主要内容及特点

1. 历史背景

20世纪90年代以来，随着人类社会科学技术的飞速发展，带来了产业的急速升级，人类社会开始进入到后工业化时期。伴随着信息技术与计算机技术的迅猛发展，英国社会对高素质人才的需求越来越强烈，尤其是掌握计算机技术、数字技术和大型制作能力的人才更是成为相关行业的紧缺性人才，传统的学徒制模式已经很难适应社会发展的需要，传统学徒制模式下培养的产业工人越来越受到现实社会的挑战。在这样的

现实环境下，英国社会迅速调整了学徒制的培养目标和模式。第一，学徒制的培养方向从传统手工业行业拓展到高新技术产业，表现为引导大批新兴产业从事学徒制的培养，这为包括计算机、IT等行业在内的企业培养了大批合格的技术技能型人才。第二，将学徒制培养模式与国家职业资格证书的培训相结合，实现并轨，为新型学徒制的出现奠定了制度性基础。第三，制定政策引导大型企业，尤其是新兴战略性企业参与学徒的培养，与职业院校的学校制教育实现有效对接，加强两者的联系与交流。第四，增加经费的投入，保证学徒制的培养全面、可持续进行下去。

2. 内容形式

在现代学徒制中，学徒具有双重身份，既是学徒又是学生。作为学生，他们每周的前1/3或者1/2到学校进修理论课程；以欧洲发达国家为例，这一比例就超过了2：1，这样算下来，应用型专业技术院校的学生在工作日大部分的情况下，都待在行业操作一线，其余少数的时间则是回到校园，在课堂里汲取理论知识等显性知识。施行了现代学徒制应用型人才培养模式的技术院校里，有行业企业实践生产经验的人员担任老师，让项目进课堂，有针对性地教导学生；在行业企业生产一线，则延续了传统模式下师父在实际操作中言传身教的途径来教学，单位挑选合适的有长期工作经验的优秀技术人员来进行实践教学，同时观察发现其操作过程中存在的问题。

3. 教育目标

不同于以往传统模式的技术人员培养目标，即单纯掌握一门谋生手艺并且在社会立足，当下的应用型人才培养侧重于专业能力的高要求、高标准，不仅要为行业企业的发展储备新兴力量，还倡导受训者从零起步，一点一点地汲取专业知识，再考取技术资质、学校文凭，并且以此能到更高一级的机构去深造。10余年前，欧洲一些国家制定了所谓的21世纪新学徒制体系，让当地的年轻人能够从小受到应用型技术专业生态环境的熏陶，慢慢升级，最后提早就能得到初等的技能资质。在"21世纪新学徒制体系"里，课堂和实践教学的阶段性安排，难度也呈阶段性递增，而学徒的技能等级也逐步提高，有的甚至能达到硕士研究生、博士研究生的级别，而且学徒的技术资质和教育等级相匹配。这样的现代学徒制应用型技术教育模式刷新了人们思维定式里对应用型技术专业的固化成见，可以说，这是应用型技术院校和行业企业结合的一大创举，并且是技术专业向高精尖领域发展的突破点。这一现代学徒制应用型人才培养体系让学徒能够调整学习时间和形式，以适应今后走向行业市场后进行的具体生产操作，还能进一步走高级教育路径（见表5.1）。

表5.1　英国普通教育与职业教育的体系及其转换沟通表

学术教育路线			职业教育路线			教育类型
年龄	教育层次	获得证书	年龄	教育层次	获得证书	
5~11岁	小学	初级证书	5~11岁	义务教育（小学）	初级证书	义务教育
12~16岁	普通中等教育中一、中二、中三	中级证书	12~16岁	中等职业教育	NVQ1 NVQ2	
17~18岁	普通中等教育	高级证书 A-LEVEL	17~18岁	职业教育（600多所学院开办）	NVQ3 NVQ4 NVQ5	继续教育
18岁及以上	普通高等教育	学术学位证书学士/硕士/博士，凭高级证书，可以申请英国89所高校，但即使取得A-LEVEL成绩，也只有少数人通过面试入读牛津、剑桥、伦敦政治经济学院（LSE）等一流高校，取得它们的毕业证书	18岁及以上	职业教育/普通教育	持有NVQ4，可转向普通高等教育读大一，也可继续在此体系中通过两年学习，取得HND证书。持有HND，便可直接读普通高校的大三，取得学术学位（英国本科为三年制）。仅凭NVQ5不能上牛津、剑桥等	高等教育

Q（国家职业资格证书）：1986年出台，分为5级。GNVQ（国家通用职业资格证书）：1993年实施，分为初等、中级、高级。凭职业资格证书，既可以直接去大学念书，又可以去就业。

4. 考核评价

当下的英国应用型现代技术人才培养模式的施行，把考核重心放在了资质的获取上，而生产一线操作能力也被纳入其中。在一个阶段的学习结束后，教育机构依据学生能否获取技术资质来判断其能否通过阶段测试。培训末，学校以国家级的职业资格证书考核替代传统期末考察。应用型技术院校的学生只有拿到相当级别的资质，才算完成技术课程，正式就业。英国国家职业资格证书制度（National Vocational Qualification System，NVQ），该现代学徒制应用型技术教育模式根据相关行业内的实战知识和技能划归分类。具体可以把应用型专业技术的资质细化成以下5级：初级学徒证书（NVQ1）、中级学徒证书（NVQ2）、高级学徒证书（NVQ3）、"高等"层次学徒证书（NVQ4、NVQ5）。这种新式的证书评价方式保障了职业技术教育的成效，实现了"课证"结合的职业人才培养模式。

除此之外，现代学徒制下应用型技术专业学生需要由行业有经验的师父和技术工作者当场检验，他们往往来自应用型院校和相关机构。除了要针对应用型技术人才的教育进行评价和监控，更重要的是针对学徒的实践情况进行评估。以上的机动性的评估途径让行业公司在接纳专业从业者时能有更多选择。

换句话说，应用型技术职业教育的人才培养对传统职业教育模式是一次重大转型，而过去的职业技术学校学生的地位已经大幅度提升，而且对我国人才市场的充实有极大裨益；有的国家相关部门拿专项资金资助现代学徒制的运行，这大大激励了行业企业、相关技术教育院校和应用型技术专业学生；国家制订了职业资格标准（NVQ、GN-VQ），对符合标准者发给职业资格证书；而有些国家地区制定应用型技术培训框架时，也囊括了现代学徒制培养模式，让该制度能多元化、多层次、多维度地培养技术型人才；现代学徒制人才培养模式把技术的提升作为主要目标，让项目进课堂，让教学到生产操作现场，避免应用型教育与行业不同步，这是划时代的一大创举。另外，应用型技术专业涵盖的范围也不仅仅是传统行业，很多新兴产业，譬如说IT业等高精尖新技术，都是现代学徒制教育范围。当下，应用型职业院校与行业公司携手开展学徒教育，扩大其影响力，让技术培训的效果多重叠加，学生既能学到理论知识又能到生产一线实践操作，给行业职业人才注入了新的力量（见表 5.2）。

表 5.2 传统学徒制与现代学校教育与现代学徒制的特征比较

比较对象	学徒制教育	普通学校教育	现代学徒制教育
时代背景	从古代到现代	工业革命之后	后工业化时期
地点	作坊、工厂、企业	学校	学校+公司企业
时间	较长，7年	6~7年	3年以上
实施主体	师傅	学校、教师	教师+师傅
培养目标	合格的从业者	合格的人才	高素质应用型人才
教育内容	以就业实践为中心，技能为主，兼顾经验传授，职业道德	知识为主，兼顾直接经验传授、道德培养	以职业实践为中心，知识+技能并重
教学方式	口传手授	班级授课制	班级授课制定岗实习、行动导向、项目驱动
知识类型	直接知识 隐性知识	间接知识 显性知识	显性知识+隐性知识（职业环境、从业经验等）
教育特征	个别化培训、教育	班级授课制集体式教育	校企合作、工学结合、订单教育集体式教育、师傅导师制
主客关系	师傅带徒弟，父子间的亲密感情	教师教学生	教师+师傅，学生有多个教育者
规模	小	大	有时小，有时大
教育目标	个体目标、行业目标	国家目标 个体目标	国家目标、行业目标、产业目标、个体目标
教育结果	掌握工作技能、无毕业证书	掌握知识信息、掌握间接经验、毕业证书	掌握知识信息，同时掌握间接经验，毕业证书+技术资质证书
发展方向			集团办学，国际化办学；关注"90后"、"00后"的文化需求和上升空间

二、英国职业教育的现代学徒制的主要特点

1. 规模特征：形成体系，规模化

英国的现代学徒制度重视受训者的总人数。为了鼓励学校、培训机构和用人单位积极实施学徒制培训，政府在项目补贴过程中实行了定额配给制。尤其是具备较多应用型技术专业学生，且和大型行业企业合作的相关院校，政府往往会有较高额度的补助，通过这样的行为能够激励其他的企业对应用型技术人才培养机构有更多兴趣，而青少年也会愿意去学习专业技术。对学徒人数多、雇主及培训机构规模大的学徒培训给予更大的资金支持，以此刺激各行业的雇主对学徒制培训项目加大投入，吸引更多的学生选择学徒制培训。根据学习指导的方针，接受学徒制的学员逐年增多。21世纪初，同比一年内学习应用型技术的人数比往年多了10余万人，而后4年内学习者数量同比增长10.5万人。这个数目在前几年更是超过了40万人。

2. 主体特征：校企协同

当下的学徒制应用型人才培养过程中，应用型职业院校、行业公司一起同步开展教育教学，相关专业技术获得的场所不再只是学校。由于行业一线具备一定的制定专业标准的实力和义务，因此也更了解学生的培养目标。据此，可以在制订人才培训计划时参与其中，和学校一起完善方案。这样的良性循环下，学生适应工作环境的所需时间更少，需要的额外培训成本更低，总体更加高效。在现代学徒制的教学模式中，应用型院校联合行业公司一起，修改完善专业人才培训方案，学生毕业后就能有机会进入企业工作，大大提高了学生就业率。

3. 评价特征：证书融通

英国率先推行国家职业资格证书制度 NVQ。该国政府在应用型技术院校中做到相关资质与传统资质同步使用。目前在英国有90%以上的劳动者取得了各个品级的 NVQ 证书。这些证书涵盖了初学者、中等水平者、高层次相关技术工作者、管理者等，需要拥有的一些应用型专业能力、内涵。该应用型体系被相关单位制定、层层监管，包括了政府及其相关部门，它们共同对应用型技术专业现代学徒制的教育教学活动开展调研，

评估受训者的实际操作能力。此外，该现代学徒制应用型技术人才培养模式把技术资质的地位提升到和学历相同的高度，并且两者融会贯通，这也是其独特的属性之一。这种所谓的双证书体系理念创新，效果显著，常常被认为是目前最为先进的一种应用型技术教育模式。

4. 部门扶持的具体措施

有关部门进行扶持的具体措施内容为构建督导组织、专项拨款、成立监管机构、提供补助经费。英国政府不仅承认学徒的法律地位，而且还设立了专门的机构，如学习与技能委员会对其实施监督和管理，这些机构的很多下属部门，确保学徒培训规范有效实施。相关政府部门为了让应用型技术教育中的现代学徒制更加具有市场竞争力，针对相关工作长期给予资金的帮助。英国的青少年在进行现代学徒制教育时是免费的，费用由政府部门补助；青年则能得到所需费用 1/2 的资金补贴；而年龄大于 25 岁时，相关部门提供的技能学习补助则没有一定标准。因此，职业学校的学生没有任何学费的负担，除了可以获得政府提供的行业一线生产操作机会，还能赚到工资补助。而进行技术教育的机构和与其合作的单位都被当地政府纳入项目拨款补助的范围之内。

三、借鉴英国现代学徒制，创新我国职业教育

1. 政府主导，创新制度

应用型技术教育下的现代学徒制展露了相关法律制度、相关部门力量、当局支持、经费支撑。我们要从职业教育的现代学徒制度中汲取营养。在法律法规方面，要对学徒制进行法制化、制度化、规范化；在政策方面，应鼓励职业院校把工作与学习结合起来，向社会和家长宣传；在应用型技术培养方面，应用型技术院校应将显性知识与行业一线生产操作联合。此外，还可以汲取英、加等发达国家对于应用型技术人才培养的资金补贴机制，并且给予相关的单位、机构资金鼓励，出台优惠政策加以扶持现代学徒制相关的学校、企业，加强校企合作的政策力度，并资助其培训的所需资金。因为资本需要参与到学徒培训中，比如说较为优良的设施设备、实践耗材等都缺一不可。这样才能让校企合作契合度更高，更加亲密无间。还必须把资格证书、应用型技术院校的毕业证

纳入同一套人才考核体系，形成互相包含的态势，否则将严重影响现代学徒制应用型人才培养模式的长期发展。另外，进一步规范化和增加当下我国应用型技术资质的划分和发放，使学生能够从职业院校的中低层次向高层次的专业硕士、专业博士过渡，实施教育制度创新。

2. 校企协同，集团办学

行业内的公司也大范围参与到了当下的英国应用型技术现代学徒制人才培养过程当中，由于行业一线具备一定的制定专业标准的实力和义务，因此也更了解学生的培养目标。行业企业可以根据实际的生产操作需求，对学习范围、目标、内容、时间等方面做出详细安排，在课程标准、教学计划上深入沟通，提高教学的针对性。据此，可以在制订人才培训计划时参与其中，和学校一起完善方案。这样的良性循环下，学生适应工作环境的所需时间更少，需要的额外培训成本更低，总体更加高效，受过培训的学生很快就会得到提升，他们的同行也会很强大。

在校企合作方面要积极推进集团办学。集团办学可以整合优化教学优势，推进校企深度合作。以我国江西省的 3 个施行现代学徒制应用型技术人才培养模式的学校为例，三者于几年前设置了 3 家不同的技术教育企业，分别是江西现代职业技术学院（江西现代职业教育集团）、江西外语外贸职业学院（江西国际商务职业教育集团）、九江职业技术学院（江西国防科技工业职业教育集团）。3 所学院依托各自优势，与一批中、高职院校及相关企事业单位、工业园区和工业部门共同组建了一个非营利社区组织。以上几个新兴企业的构建都有其特点。譬如说，江西外语外贸职业学院设立的企业就是让与其专业息息相关的技术型教育得到创新。而九江职业技术学院设立的企业目标，旨在打造当地特色品牌应用型技术教育单位。它们相同的目标即深化与企业的联系、改革应用型技术人才教育体制，以增强现代学徒制下应用型技术培训的质量、培训实力和办学程度。

3. 知识与能力并重

在英国，学徒制度为适应当下社会发展趋势，将徒弟的职业能力放在首位。当然也不会因此放弃书本上理论的理解，理论专业两手抓，将在学校所学到的东西与现实情况结合在一起，适应当下社会的各种专业技术要求，如独立性强、能够快速有效地处理专业方面的技术性问题、有较高的专业素养等。这种教育方式是我们现在所应该学习的。我们国家现在大部分职业化教育的学校都不能够很好地去把握理论和能力二者的关系，常常在能力方面欠缺。所以，学校和公司应该彼此理解，在维护自身基本利益的前提下保证职业化教育在专业能力方面的教育水平，从此达到理论与实践的完美结合，继而培养出符合当代社会需要的技术性人才。一方面，在教育方面，老师必须要有相对口企业一线的知识，不能单单只是理论方面的，在专业方面对于学生的教育也要得心应手。另一方面，在企业方面的老师也要将专业的培训与理论结合起来，在公司内要多注意在技术方面的培训。像重庆，政府为职业化教育的学校提供了他们每一个专业所对口的公司，为学生们提供了一个发展的平台，这样的做法大大推动了学校与企业的双向合作。

4. 构建职业教育上下互通的体系

对于我国而言，我们应该学习英国在职业化教育方面的做法。在英国，将原本比较低级的学徒提升到一个在社会中不可替代的地位，继而推动职业化教育的发展，人们自身对职业化教育的看法就会有一定的改变。在英国不断将学徒制度与现代经济社会结合起来的时候，我国也在完善各个等级的职业化教育学校，并大力支持职业化教育的发展，将其与非职业化教育进行联合。但是 8 年过去，我们的成效并不明显。但是值得注意的是，在 2012 年，山东率先将职业化教育打破了学位的禁锢，将职业化教育与非职业化教育比较完美地融合在一起，从而促进了职业化教育的发展，也使其在知识方面的能力有了极大的提升。

英国学徒制度的地位一直都是十分重要的，而学徒制度的鼎盛时期是在工业革命时期，因而英国的工厂能够长期发展，即使到了如今学徒制应用型技术人才培养体系依然在努力和 21 世纪接轨，并不断发挥着作用。它的作用在于：将职业化教育变为政府性质的活动，而不再是个人活动；开始给职业化教育毕业的学生发放学历证书和职业证书，让他们不再是被冠以无学历的称呼，让职业化教育提升一个档次，而且政府支持职业化教育的发展，为其铺平了道路。此外，学徒制度中重能力的培养，重学生的独立性和处事能力也是如今非职业教育所借鉴的地方。取长补短，以此来促进我国的发展。我国在摸索中成长，如今又定下了"两个一百年"的目标，更应该吸取西方的教育模式，甚至于在中高等职业化教育中也有很多我们学习的地方，如今最重要的就是培养能够适应当代社会发展，具有处事能力，在专业方面具有高素质、高能力的人才，为我们学徒制应用型人才培养体系适应当代发展奠定基础。

第三节　其他发达国家特色案例及启示

约40年前，欧洲很多国家都开始进行应用型技术专业教育改革。据此，围绕其设置的法律法规、规章制度迭出，如欧洲许多地区进行法律规章制度完善，丹麦、希腊是在20世纪90年代，卢森堡是在20世纪末，西班牙等国是在接近21世纪等。20世纪末，大不列颠启动了应用型技术教育的现代学徒制人才培养模式；1996年，澳洲随之启动了应用型技术专业人才培养模式，美、加则于90年代末推行了该教育体系。就此，应用型技术教育人才培养在社会上斩获了一大机遇，从头挂起应用型技术专业培养的热潮。

一、美国改善注册学徒制的措施与启示

19世纪初，西方国家爆发了工业革命，传统的制造业被机器生产大规模地淘汰，传统应用型技术培养也随之淘汰。19世纪中叶，学徒制学校开始出现，为学徒制的复兴奠定了基础。1930年、1940年左右，美国政府部门制定了与应用型技术教育有关的一系列规章制度和相关政策，此时，其应用型技术教育的学徒制框架逐步搭好，且得到良好发展。这种所谓的"注册学徒制"让行业公司在招聘相关专业技术人员时的选择余地更大。要想让应用型技术人员上岗后就顺利生产作业，企业必须了解应用型技术人才培养现代学徒制模式的内涵和意义。尽管其对应用型人才的培养层次上升到较高阶段，可是还是存在部分企业对学徒培养目的模糊的问题，特别针对应用型技术人才的内涵是什么，仍然存疑。导致对于应用型技术教育的现代学徒制的人才培养评估体系模糊，制造业等特别容易存在这种情况。

许多当地的企业认为，在招聘应用型技术人才时，经常碰到窘境，即用工荒的问题。当下的现代学徒制人才培养模式，迥异于所谓的技术

速成班，而是一心一意、专心致志地培养高等级、高级别的技术大师，这才是用工荒里最匮乏的那一类人才。应用型技术教育下的美国现代学徒制尚且无法打破其人才市场匮乏的局面，可是仍在应用型技术人才教育体制里产生了颠覆性的影响。这种注册学徒制已经被行业企业和技术从业人员深刻认识并认可，并且企业还在制定应用型技术教育现代学徒制人才培养和考核体系构建的过程中不断推进。

（一）加强注册学徒制的可移植性

现代学徒制人才培养模式可以把评估标准结合学生能否顺利取得资质证书进行，加强注册学徒制的可移植性，这样不仅让学生更有学习兴趣，还能增加市场竞争力。应用型技术人才培养机制通过制定适当的人才评价标准，与相关技术资质证明紧密链接，在进行学徒制人才培养的同时，学生还需要考取资格证书。此外，能否取得资格证书对于现代学徒制来说非常重要。证书作为一种考核形式，需要学生在规定年限内通过某种检验。以英、德等欧洲发达国家为例，检验学徒制教学基础的标准之一就是以等级检验教学成果。用技能资格证作为评判准则，可以使人才培养更为有效。相比之下，传统学徒制更侧重技术的表象，也就是操作的规范和熟悉度。同样，在进入工作环境后，再想返回学校，边就业、边学习也未尝不可，这样还能提升专业技能，甚至可以在1~4年内完成技术资质审核。这样的现代学徒制人才培养模式灵活多变，不用脱离岗位就能进入专业机构学习技能，属于半工半读的人才培养路径。既能在现代学徒制人才培养模式的职业院校全日制学习，也能灵活安排时间，这对行业单位、员工、学生，都有极大裨益。他们可以按照现实情况选择合适本身的技术和技能培训、培训时刻、培训地址、培训路径和培训老师等。

（二）将行业资格认证融入学徒制项目计划中

美国的现代学徒制包含有上岗实践教育，却缺少了机动性的资质，尽管技术资质具有一定程度的可调整度，可是没有应用型技术实践环节。所以，可以把应用型技术教育下的美国学徒制紧密联系技术人员的生产操作活动。

（三）雇主参与开发的国家指导标准

要想实现进一步扩大学徒制的目的，雇主们就有必要对那些完成学业、满徒的学生给予足够的信任，并且对他们已经具备的行业能力又充满信心，这就需要雇主们通过一系列标准的制定和实施实现满足和反映行业需求。最典型的如制造业机构技能认证系统，一些雇主已经能够识别工作需求的能力和评估标准。这些雇主们已经开始意识到要想实现更深入的发展，就必须尽快实现具备国家标准的学徒制与实际生产工作的融会贯通。如此，类似这样的崭新的标准一旦出台并予以实施，就能够更加明确地界定相关职业领域需要的那些技能和知识，针对各个相关行业，就相应地存在和制定出不同的工作计划以及课程，在这其中还有专门详细介绍学徒怎样在实际工作中更好体现和运用他们能力的介绍。学徒们依照标准条例中相关注册学徒制条款内容进行学习实践，在条款中还有类似于学徒制的结构和价值问题的思考，如何更好进行前两者的架构可以实现更深远长久的意义：学徒们学业完成之时可以具备所从事行业需要的技术技能。有一个方式是很多学徒们十分青睐的，即那些已经存在的得到行业公认和肯定的学徒计划，参与该计划可以有机会获得国家承认的并且灵活的资格证书。这样就增加了学徒从获得就业到实现工资进一步提升的可能机会，为他们实现成功职业生涯的良好开端提供切实的保障，特别是在他们可能进入或者被需求的行业领域中。同时，得到行业认可和公认学徒制度相关项目也能够切实有效帮助到雇主。这种方式可以以结合证书和能力的方式来打造和培养一批又一批有熟练技术能力的工人及工人队伍。而那些已经提供了相应学徒制资助的行业企业可以获得想要的技术工人，这样从一定意义上说，留职率也得到提升，实现了资金节约和生产效率的很大提升。

通过这样一种方式，雇主们实现了培养专门技术工人来满足不同时期需要的目的，并且针对于目前现实和未来状况选聘员工，从而改变了传统形式上仅仅凭借一纸证书就可以轻松申请获得工作的现实。而国家有关认证系统的建立则为国家学徒制的信誉起到了保驾护航的作用。这样一种行业的直接领导将积极有效推进企业注册学徒制计划实行的主动参与性和热情度，一旦实现雇主和联邦政府两者共同提供行业认证的学徒制时，跨州使用证书就不会再只是梦想，而变成了现实，并且能够得到雇主们的肯定，实现各自不同收益的提升。可以说，由雇主参与开发的国家指导标准，为学徒制的发展带来了切实的效益，实现了多方共赢的局面。特别是就学徒本身和企业雇主们而言，更是受益良多，这样一种措施，也真正调动起雇主们参与到现代学徒制的主动性和积极性，从而为现代学徒制平稳快速发展，更好地发挥强有力的催化作用。

（四）启　示

1. 提高学徒制的质量

对于有可能存在的学徒在企业学习实践期间"只做不学"的现象，为减少或者避免类似情况的发生，全程的监督是学徒培训环节中必不可少的，而这当中，以图标制作或者积分卡的形式进行则是很常见的；同时要完成对包括企业在内的资格审查工作，这样做的缘由主要是，有些企业，特别是一些中小企业虽然也想参与到学徒制的建设中，但是并未能具备学徒培训学习的必不可少的条件，一个企业能否符合学徒培训条件从而承办进行有关学徒制项目，就要提前审查它的硬件设施是否充足，师傅是否有丰富的经验以及检验是否有相关合理的学徒制培训计划存在。一套完整的审核标准是校企双方均要认真制定实施的，而学徒的学业成绩要检测合格与否，就需要具有丰富经验的专业师傅评定考核。尽管现代学徒制的试点工作在我国正如火如荼地开展，显然我们不能只将精力集中于表面而忽视了本质工作的进行，要在现代学徒制试点推行的过程中，大幅度实现质量的提升，更要有效扩大其推广规模，从而奠定现代学徒制坚不可摧的基底，保证良好信誉的建构。

2. 企业参与编写学徒制标准

学校和企业实现合作的一个重要有效的方式就是学徒制。而要想实现这一制度质量上的真正提升，完善制度标准就成了当下所需要做的事情。身为学徒制的主体以及身处主导地位的现实，让企业首先明确，对目前和未来状况下具备怎样素质的员工才是岗位所需，职业院校又将能输送怎样的员工到企业当中，而在这些被输送的人当中又会否真正适应企业发展、满足切实的需要，上述种种都需要明确的标准规范。在学徒制实施的过程中就要落实这一系列的标准，员工的质量由企业和学校共同决定。从这个意义层次上说，在制定学徒制标准的过程中，企业的参与和介入就必然成为毋庸置疑的重中之重，如此一来，可以实现学校、企业和学徒（员工）几个方面的共赢：这一举措可以切实有效为学校向企业输送一定数量且符合要求的高素质、高技能员工，而通过学徒制计划，员工也能够习得关键核心的技术技能，实现自身核心竞争力的有效提升。毋庸置疑，具有操作行业前沿技术和设施设备能力的专业人员，才是行业企业最需要的。鉴于这种前提情况，培养出的学徒也应该符合时代所需，而当企业以参编者的身份加入学徒制标准的编写过程中，显然是可以实现制定更加具备动态特征且处于不断变化更新状态的学徒制标准的。培养当下最需要的员工，还可以突破我国职业院校总是培育过时的技术人员这一困境。查阅相关资料很容易感受到一个事实就是，西方国家之所以长期保持学徒制教育的领先地位，特别是与我国国内相比焕发出更大的影响力和感召力，一个重要的缘由就在于他们的课程。西方学徒制的课程可以说保持在实时更新、与时俱进的状态中，而目前国内的状况是，课程与技术完全不能同步发展，甚至课程一度几倍滞后于技术的发展。

3. 政府鼓励支持学徒制建设

在现代学徒制的建设过程中，除了作为主体的企业和学校的参与、学徒自身的努力之外，政府的鼓励支持也是其不断实现发展进步的必要保障。以美国为例，它的注册学徒制的发展与政府的大力支持密不可分，正是有了前者的鼓励，注册学徒制才实现了从简单稚嫩走向成熟。这一教育形式的推行，取得了一定的成效，对于社会存在的就业压力发挥了一定意义上的缓解作用，就企业而言，为其提供了具有高素质及高技能的劳动力，就学徒而言，也可以让他们取得赖以生存的一技之长，可谓一举多得。结合美国以及现有的世界范围内学徒制相较发达国家的有益经验，我们应该根据我国实际情况和具体国情，充分认识到国家的支持与鼓励是实现学徒制完善发展的重要且必不可少的关键因素。在学徒制的试点推行过程中，要认真执行和贯彻国家相关指导意见，真正落实"四合"即"产业和教育相融合、学校和企业实现合作、工作学习相结合以及理论和实践紧密联系"到实处，建立以企业为主导的现代学徒制体系。如今我国的学徒制试点工作也在火热进行中，可以说，学校和企业共同发力，合作办学的模式一方面能够实现教育教学资源的共享共用，更重要的是能够达到双方的互利共赢效果。校企联合办学不仅可以共同培养学生还可以培训教师，培养"双师型"教师。通过搭建起学校和企业间、员工与教师之间的交换平台，既能够让企业当中的员工接受职业院校的学习进修，职业院校的教师们也可以与企业进行实践交流。这样实现了互换职业角色之时的专业素养提升，还保证不浪费人力资源，又可以保证学习效率。与此同时，还应该注意，学校和企业合作时，先进的技术和优良的设备也是企业始终需要保证的，如此，才能真正为学徒学成后的技术进步提供可靠保证，从而紧紧跟上社会步伐，不被淘汰。

4. 完善现代学徒制体系

纵观我国的学徒制以及美国的学徒制会发现，尽管根据实际情况所采取的具体学徒制教育有所差别，两者均有专门机构负责完成学徒制发展的工作任务。然而在美国，主要存在两方面的具体做法：一是从宏观上看，政府会进行相关政策法规的制定，为学徒制保驾护航；而具体到美国各个州政府而言，也依据本州相应发展的实际情况来进行合适的政策与法规的制定。在我国，由中央政府向地方各级政府传达通过的决议，相应的政策出台必须满足能够保护大多数人的利益这一前提条件，但在不同的地区、不同的行业，其政策和规定可能存在与实际不相适应的情况。具体实施这一措施时，政府发挥的作用十分关键，需要进行已有政策的进一步补充修订和完善，从而为相关政策法规真正能够下放至地方当中，确保顺利平稳地开展学徒制提供切实的保障。当出现某地或者某个行业当中的特殊需求的时候，国家级政府机关就可以下放部分权利到地方政府当中，并且制定设立合理完善的法律法规与国家政策，从而为学徒制的开展提供切实保障。教育方面的资金投入是国家每年都花大力气进行的，在这当中，职业教育也占据了很大比重份额，学徒制的试点施行还可以在就业压力缓解的同时实现高素质、高技能劳动力的培养，身为职业教育当中重要的培训方式，学徒制需要更多的投资以及关注。国内一些企业之所以不愿意和学校开展合作，是因为共同合作中，离不开大量投入的资金用以进行人才培养的经费。然而也会存在一种情况就是期满之后，企业收到的学徒并不一定能够与培训的目标相符合，这样一来，很多经费会被浪费，政府可以将资金部分投资于企业作为鼓励企业积极参与校企合作的方式。

二、瑞士职业教育"学徒制"的启示

在西欧的许多国家中,瑞士的教育可以说是比较发达的,尤其是从内容上来区分可以分为 3 个大类,首先是护理、农业、工业和商业等 4 个大类,其职业包括了 230 个,职业的种类也是多种多样的,每一个职业都有 30 个左右的技能。一个学徒制的形成必须要和有资质的企业合作,尤其是要根据学生的自己喜好或者感兴趣的职业进行选择,首先是要了解官方网站中的职业需求,然后才能有针对性地进行选取和学习。一般情况下,学生主要在具有培训学徒制的相关企业实习 3 天到 4 天,之后每周都会在相关职业院校进行理论学习和实践 1 天到 2 天。从目前来看,瑞士整个具备相关条件的有 6 万多家企业,中小企业的人数主要控制在 250 人以下。中等职业学校的实践设计、考试设计和教学内容都要经过瑞士企业和学校的再三确认,尤其是要审核通过培训师(师傅)的资质条件。与此同时,瑞士在全国范围内都有各种专门的考核协会,而这些协会都会对相关的学徒进行一定追踪,在学徒毕业时还会颁发国家承认的相关职业资格证书和联邦职业教育的证书。

(一)学徒制的参与方

1. 联邦政府

联邦政府职业教育管理事务由联邦经济、教育与研究部(WBF)负责,WBF 下设联邦教育、研究和创新事务秘书局(SBFI)和联邦职业教育研究所(EHB)两个机构负责职业教育事务。SBFI 主要负责教育、研究、革新相关事宜。在职业教育方面负责职业教育策略与发展、法律规章修改完善、职业教育政策公布,要了解整个国家的教育行业的设置,就必须要了解整个教学质量的研发、课程内容的设置、主要教材的认定、考核方式的制定以及主要的创新推动,以上这些才能共同组成培训体系和职业教育。EHB 主要是指所有职业教育的开发项目、所有职业教育的科研工作、所有职业教育的教师和主要的人员的进修和培训以及职业教育的实施者。

2. 州政府

瑞士是一个联邦制共和国国家,其中主要是由 26 个大小不一样的州组成，每一个州政府都有专门对职业教育负责的机构。而这些机构的主要功能就是对整个职业教育的监督、关注学徒合同的执行到位情况，还有提供相关教育机构的咨询，还要提供对整个市场供需关系，以最好的状态培养出更多的优秀人才。

3. 企 业

一个国家的发展，肯定离不开本国的资源，不管是自然资源还是社会资源都是要发展的，而瑞士这个国家的主要经济结构是以资源开发为主的进出口业，尤其是在服务业和制造业中比较集中。当然，大部分的企业还是以中小型为主，而这些中小企业人数大都是250人以下。当然，学徒制的模式的实施主要依赖于企业的设定，在某些方面甚至说可以超过一些专业的职业院校。企业负责供给学徒岗位及可能前提下的培训场所、设备、培训师等基础保障。

4. 行业协会

行业协会的深度参与是瑞士"学徒制"最主要的特征，行业协会是"学徒制"中的主导者和主要决策者。当然我们也知道关系的成立必须要有稳定的纽带，即政府部门、学校和企业。制度的发展必须时刻更新，而行业协会就能起到在企业的培训课程设置、培训的要求、培训的目的、培训的内容和培训标准的实施过程中积极助推等作用，还要完成在相关的课程培训和课程内容方面加以开发，主要岗位的调节、职业标准的认定，以及在相关行业中考核的发布和审定等任务。与此同时，行业协会还要组织相关的考核和培训，从而更深入凸显其作用价值。

要想真正推广试点学徒制就必须要以企业的相关标准为参考依据，但是，瑞士这个国家的许多企业都是中小企业，就没有办法完成这样的任务，所以它们开始寻求一些比较优秀的企业进行联合培训，这无形之中又提高了培训的基本质量。另外，当中的一些企业承担了大部分的任务。从大方面来说，完全可以减少不必要的学徒培训成本，而行业协会在这中间起到了举足轻重的作用。

5. 专业学校

对于整个瑞士来说，实施基础教育的学校就有200多所。此外，相关的培训中，其中40%的教师都是兼职，而专业的职业学校一般只是有相关的理论知识教育，并帮助学生通过考核。

（二）学徒制的经费投入

瑞士基础职业教育经费由政府和企业分摊：企业负担 60%，主要用于学徒工资和培训费用等；10%的经费是由联邦政府承担，这些资金主要用于相关职业教育的补贴。另外还有 30%用于一些职业指导费用和办学办公费用等支出。

学生接受"学徒制"教育无须付学费，还能领到学徒工资。一个企业能够加入学徒制的模式首先要从中获得相关的利益，这样才能调动企业的积极性。2014 年开始，瑞士整个国家在学徒制岗位中的总支出费用是 53.5 亿瑞郎，其中学徒的生产输出是 58.24 亿瑞郎，其净效益值为 4.74 亿瑞郎，这样投入和产出效益值较高的首要原因是学徒所产生的工资成本低。

（三）瑞士"学徒制"的启示

1. 行业企业深度参与职业教育

经济的回报必然要和职业教育参与的程度成正比，值得注意的是行业协会在"学徒制"的深度参与环节。要有一个稳定的职业教育模式，必须要有一个政策的执行者和监督者，在这过程中具有充分话语权的便是行业协会。中国的职业教育，每一所学校所承担的任务最多，尤其是在学校制定的招生、教师的培训、专业方面的认定、培养标准和内容的制定、考试考核标准的执行等，还有些中小企业的实践内容也让相关的职业院校确定。所以在整个人才培养的过程中，以上这些任务和职责都是由一些行业协会来规定，这就给企业和学校减轻了许多的困难，直接能产生经济效益。

2. 立足企业需求进行人才的培养

在经济较为发达的瑞士，具有超前性质的预设性培养模式并不存在于其"学徒制"的职业以及其标准制定还有人才培养的过程当中。满足企业的需求是职业教育教学活动的统一出发点。根据市场需求确定职业，对职业的培养标准进行适时的调整，对培养的规模进行及时确定，就从客观上为经济社会的发展与职业教育的进步两者之间的密切联系提供保障,而瑞士一直以来较低的失业率也要归因于此。总的来说,由于瑞士是一个小型国家,因此,对应着较小的经济总量,像这样一种始终以需求进行培养的职业体系也受益于这样一个现实。人丁不十分兴旺,对"学徒制"人才培养体系管控相对容易。值得注意的是,这样的体系也有弊端,就目前现状而言,瑞士也面临着就业市场当中亟待解决的困难,一个单位要想找到更多的合格人才,必须按照相关的要求进行培养和专业设定。

3. 建立正确的职业价值观

学徒制教育模式在瑞士推行过程中,已经充分得到各界的认可,这些都会带动当地的相关行业的发展,在一定程度上,可以提升整个国家的竞争力和创新力。瑞士的学生在 15 岁左右就会选择自己的职业,其中还有更早的是在义务教育时期就会接受职业咨询和职业指导。从一开始就让学生明白地学习,有明确的奋斗方向。当然一个学生的兴趣爱好是非常重要的,尤其是在职业的选择过程中,所有的教育体系都是为确立学生的职业素养和职业方向而设置的。还有一个非常重要的职业观念一定要贯彻于每一个国民脑海中,只要是职业都不能分出高低贵贱,只要努力工作,每一份职业都值得每一个人去尊重。当然,所有的学徒制形成一定的规模以后,不管从事哪一行业,都会受到所有人的尊敬,因为许多观念已经发生了变化,这就是正确的职业价值观的形成起着一定作用。

而在中国,是否接受职业教育及选择什么职业往往由家长做出选择。一般情况下,许多中国孩子选择就读职业教育会被认为是成绩不好,并且从事这些行业,学生又会或多或少觉得自己不够聪明,或者对未来一无所知。关于这种认定的价值观急需要相关人们重视起来,要改变这种片面的认识,需要更多的人理解和支持。

(四)对中国职业教育的思考

1. 提升职业教育的地位

要想实现中国经济的新常态,职业教育应该发挥关键作用。职业教育的地位亟待提升。《国务院关于加快发展现代职业教育的决定》(国发〔2014〕119号)文件中就明确提出构建"具有中国特色、世界水平的现代职业教育体系"的现实目标。职业教育发展的方向已经指明,但目前社会对职业教育的地位的评价还存在明显的偏差。未来，要实现职业教育真正意义上的地位提升仅仅依靠顶层设计显然不够，还需要借助各方力量的齐心努力，可以说职业教育在实现达到社会广泛认同的目标上仍旧需要时间的积累与沉淀才能完成。

2. 前移职业指导教育

中国职业教育地位不高也与我们的职业指导教育滞后有一定关系。以欧洲的瑞士为例，该国在义务教育阶段就已经在进行着职业教育以及咨询的工作，并且是专门为学生展开的，而职业指导课也成为学校完成义务教育教学任务、学生完成该阶段学习的必修课。反观中国，基本上不会在义务教育甚至是高中阶段让孩子们进行职业的专门指导课程。毕业时即使是选择了职业教育，但对自己的职业规划基本是茫然和盲目的，我们的职业指导课程大多是在进入职业教育或大学确定专业后才开始。可以说这种职业指导前移的做法对学生自身来说益处多多：学生可以更加切实有效地进行职业知识的提前了解和储备，同时也能够帮助学生具体问题具体分析，结合自己的兴趣以及能力特点，为未来的职业发展做好提前的规划筹备。

3. 转变职业价值观

所谓职业价值观，即包含两个方面的内容，一方面关于个人对职业的认识态度问题，另一方面则是个人在职业目标进行中的追求与向往。要想实现职业价值观念的真正转变，不应该只是学校的工作，也不是通过改善职业指导就能完成的，更需要提升全社会对于职业教育认同感，具体体现在提升社会对技术技能人才和职业院校毕业生们的认同。我们应该从以下几个方面对认同感施行改革：第一，就是要提高从业者的稳定安全感以及切实的成就感；第二，是提高他们收入水平与健康水平；第三，就是多提供或者增加机会，可以让从业者真正有更高层次的自我价值，并能够进行自我实现；第四，就是相应环境的改善，其中包含具体的工作环境和从业者身处的种种社会关系的处理。

4. 提高行业企业参与度

现实状况下，我国的职业教育还存在无法完全顺应经济社会进步的要求。架构不尽合理，质量尚存在需要进一步提升等现状，这些问题呈现出的一个重要原因便是行业企业对职业教育的介入深度不足，具体表现特征为：在参与到职业教育建设这个问题上，企业的积极主动性明显比较低，未能形成较为规范合理的行业协会、职业教育功能得不到强化等。这就需要我们加强顶层设计，在法律层面上界定政府、行业、企业、学校在职业教育中的责权利，在政策层面上引导行业协会和企业深度参与到职业教育中来。

5. 进一步合理完善中国特色的"现代学徒制"模式

2014年8月，教育部印发了《教育部关于开展现代学徒制试点工作的意见》，意见发出后，就开始了"现代学徒制"国内范围内的试点工作的推动进程。在这个过程中，就要有计划地逐步完成中国特色现代学徒制的建设目标，这就需要政府发挥积极的引导作用，行业深入参与配合，社会实施有效支持，还要巩固"双主体"即企业以及职业院校的地位，如此，促进现代学徒制真正发挥积极作用，是一条行之有效的在学校和企业间进行合作、实现对技术以及技能型人才实施培养的途径。与此同时，我们也应该意识到，在对"学徒制"继续深入持续参与和对其机制体制展开设计之时，瑞士国家的行业企业做法值得国内试点过程中进行借鉴与参考。尽管中国的"现代学徒制"与瑞士的存在显著区别，在瑞士，实施"学徒制"的过程中其更加侧重于对行业协会的相关功能作用的开发运用，主要原因就在于前者并没有形成相对规范的行业协会专门设置。而现代学徒制在运行的过程中格外重视和侧重发挥企业的作用。现代学徒制是切合中国职业教育现状的轨制设计的，在试点过程中，对于"双主体"这一核心与重点内容应该认真牢固把握和重视，而在进行相关运行机制的设计时也需要尽量多地考虑怎样将企业的积极参与度提升。而在具体的实施过程环节，例如人才培养方案的研究制定、教学过程的具体设计实施、考核考评等企业的深入参与和介入也是必须保证的前提条件。严格实行学校教师和企业师傅共同指导的双导师制，保证学子在企业实习的时间，最终能够通过努力架构起一整套与现代学徒制相顺应的教学管理与运行机制，避免"双主体"最后变为"没主体"或"学校主体"的走过场的试点。

第六章　新建本科院校学徒制的构建与教学应用

当前,我国正处于本科院校应用型转型的探索期。学徒制的推行,适应了现实发展需要,也与近几年来党和政府提出的有利于推行现代学徒制的政策意见相契合,能够为学校、企业、学生本人以及社会带来实际好处,有利于完善社会主义和谐社会的建设。在近现代学徒制的发展中,英国、德国等欧洲发达国家为中国新型本科院校学徒制的构建提供了可以参考的范本。

然而,我国目前新型本科院校在学徒制的前行探索之路中,行走历程并不是一帆风顺,面临着诸多难题亟待解决。本章从我国学徒制发展现实的状况,尤其是我国新建本科院校学徒制的构建过程中面临的困境着手,从现代学徒制多元化模式的构建和新建本科院校教学应用模式的建构2个部分分析。第一节现代学徒制多元化模式的构建分为3个部分,从校企合作,制度建设和学位管理3个方面寻求出路;第二节现代学徒制教学应用模式变革,从教育教学体制、课程体系优化、教师管理以及师傅的任用选拔4个方面寻求新发展。最终通过2个部分内容的探析,力图探讨解决当前困境的路径和方法,从而为推行学徒制提供借鉴的思路方法。

第一节　现代学徒制多元化构建模式

欧洲的职业教育的发展,让现代学徒制也相应地变化与发展,传统的师徒关系只是父子之间和家族之间传承,随着时代的发展这种简单的父子亲情逐步发展为雇佣关系和帮工关系的模式,愈来愈能够顺应现代职业教育的进步。各国在前进的历程中呈现出适合本国国情的特征,形成具有明显地域特色的多种现代学徒制典型模式。这其中，英国的职业教育作为欧洲学徒制的滥觞，经过发展，最终对英国大学发展产生一定程度的影响，尤其在新闻教育方面，最为典型。德国的"双元制"是世界范围内公认的学徒制研究范本，成为德国乃至世界职业和高等教育发展不可小觑的作用力量。随着社会经济的进步与发展，学徒制愈加引起人们的关注，成为各国教育研究和探索的话题。学徒制的应用范围也从职业教育逐步扩大到国家的高等教育。形式的转变，模式的效仿，许多西方发达国家也基本上完成了高等教育、职业教育和企业有机的结合，是一种比较成功的模式。

就国内而言，学徒制的发展起步晚，与西方国家相比，进程相对滞缓。学徒制的发展，适应现实中国的社会需要，不仅在现代职业教育中，而且在现代本科院校改革过程中必将发挥至关重要的作用。但我国目前学徒制发展仍旧处于借鉴模仿阶段，尤其是本科院校学徒制模式的构建和教学应用更多处于探索和实验阶段。因此，探究和探索出一条中国特色的新型本科院校学徒制模式成为一个具有理论和现实意义层面上的课题，学徒制的多元化模式的构建和教学应用模式的构建成为本节讨论的内容。

一、深化校企合作，强化合作内涵建设

教育的跨界比较突出，但是与经济和教育相联系的并不太多，现代学徒制就是结合了经济和教育的相关资源，是一种全新的模式，是一种资源整合的新模式，既有利于发展教育，又能让其带来经济效益，可谓是校企合作的新型跨界教育模式。这种新型的教育模式，因其自身显著优势，无疑为现代教育的发展转型提供了新的机遇和方法。首先，在经济效益方面来看，现代学徒制是一种既投入了相关的专业知识，还能有经济方面的回报，是一种全新的产学研的合作模式。"学徒"通过在企业跟随具备专业化知识的"师父"学习实践，将课本中的理论与实际紧密结合，不仅使自己能力和水平得到提升，同时也为企业发展带来一定的效益，成为一种有实际产出的学习形式。其次，从职业教育的不同办学形式来看，学徒制能够降低教育成本，减少国家财政负担，保障技能型人才培养的质量。这几点，对我国本科院校学徒制多元化模式和应用教

学模式实践探索来说，具有同样重要的意义。

然而，现代学徒制实现良好发展态势之关键即是深度的校企合作。唯有营造出良好的校企合作氛围，强化企业和学校之间的合作内涵建设，才能推动学徒制向更加良性方向稳步发展。

我国现代学徒制合作企业的参与现状不容乐观，存在着种种矛盾问题亟待处理解决：首先，从企业自身来说，它们的参与积极性不高。由于学徒制的推行在一定程度上耗费了企业方的人力物力资源，因此可以说，企业的利益和损失孰大孰小，也只能根据现实情况判断，而最终也没有人能够保证企业可以切实获得希望得到的效益。这些都极大削弱了企业参与学徒制的积极性，造成这种后果的原因是我国现代学徒制的推行缺乏明确的政策制度保障。这一点，西方发达国家给予我们现实的范例参考：在德国，当局设立专项补贴资金面向"教育企业"，它们每完成一个为职业院校专设的进修职位和就业岗位，当局便有相当数额的资助费用供给。与此同时，许多西方发达国家为了缓解本国的就业压力，不少企业也积极进行职业教育，帮助各行各业缓解就业压力，相关政府部门也积极为这些企业提供相关的政策支持，尤其是减免相关税收等举措。同样地，为了刺激企业的参与热情，我国也可以向西方国家学习，国家可以拿出专门资金进行资助，降低企业的成本，促使更多的企业参与到与学校进行学徒制的合作进程中。只有让企业享受到实现学徒制推行的利好，他们才会有不断推动校企合作的积极性，愈加主动地增加本科院校学徒制转型改革的投入。

同时，从学校和企业的双边关系看，两边共赢关系不甚稳定。一方面，对于学校而言，选择合适的企业成为推行现代学徒制至关重要的一环，这就要求学校从自身实际出发，以学生为核心，选择符合标准的合作企业。然而另一方面，现代学徒制的"双向"选择需要学校和企业的通力合作，企业的配合程度也成为决定二者关系是否稳定的前提条件。同时，我们也不应该忽视的一个现实状况是，在学校本身看来很多适合展开合作的企业，往往出于自身切实利益的思量，拒绝和学校的合作。另外，虽然有些企业已经和学校达成相关协议，但持久度和稳定性依旧不够，一旦出现与切身利益相关的问题，企业和学校之间的关系很可能出现岌岌可危的现实状况。要想增强本科院校和企业之间合作关系的稳定性，应该首先准确把握校企合作的切入点，唯有明晰校企之间合作的共同目标，寻找校企合作最恰当的切入点，才能为二者的合作奠定坚实基础；与此同时，构建校企协同育人机制也是深化合作内涵建设的重要措施步骤，建立规范协调的校企双向育人机制，可以有效促进学校和企业的合作进程，让校企双方两个方面在现代学徒制的推行中能够保持协调一致步调；实施包含常规、过程、第三方和成果展示的多元考核评价机制也是促进双方关系稳定的催化剂，唯有推行公平合理的考核评价机制，才能促进学校和企业之间的合作关系走向平稳和良性发展之路。

再次，要想推行学徒制，相关的企业必定会增加一些风险，尤其是用人方面的风险系数，培养出来的人才能不能适应社会岗位需求，这就需要企业承担一定的风险。企业在负担了相当的风险成本（最具代表性的即为学生在作为学徒期间如果发生安全事故，责任的承担问题），耗费了一定的企业生产成本之后（需要给学徒安排专门的师傅进行培养，吸纳学徒未必能够将切实的直接效益及经济利益带给企业，特别是对那些有较高技术要求和标准的企业，不正确的操作方式还不可避免地给企业带来巨大损失），最终合适的人才在学成之后不愿继续留在企业已经不是个例，企业也被动地处于"竹篮打水一场空"的尴尬境地。这一点，成为本科院校现代学徒制探索转型变革之路的"拦路虎"。企业对投入及回报产出有所要求和追寻，是合乎情理和法规的。如何摆脱企业深处的尴尬境地，进而让其真正可以做到想投入，敢投入，基于这一点进行考量，现代学徒制应该逐步建立从招生到用工的成套完整规范体系。同时，德国又一次为问题的解决提供了思路：采用"两个统一"即统一对职业名称进行国家认可之后的设置，统一对课程进行共同的开发，从而使得现代学徒制的学习与普通学校学习没有本质的区别，是兼收并蓄和开放进取的。最终，一整套规范体系的逐步形成，可以让学生真正学到实用的内容，获得职业技能，同时，也可以避免企业留不住人才的尴尬境地，真正深化企业和学校的合作内涵建设。

现代学徒制校企合作的推行和深化合作内涵的建设，对目前正处于转型发展期的本科院校来说，任重而道远。在这一点上，尚处于摸索前行时期的我国本科院校应该吸收借鉴国外发达国家的经验，同时结合我国的社会现实，力图形成完善的中国特色本科院校学徒制体系。稳定而长远的校企合作关系，离不开国家政策的支持，管理评价体系的逐渐完善，更离不开学校和企业之间的默契配合。唯有不断推进和深化校企合作，强化和稳固合作内涵建设，才能更加有力地推动现代学徒制多元化模式的构建。

二、加强制度建设，促进双重身份协调

2014年12月12日，全国职业教育学徒制试点工作会议在河北召开，此次会议重点要求落实好学生与学徒招收工作，重点强调了两种身份的重要性。这一次会议的召开，明确了我国现代学徒制的持续发展方向和任务，也意味着我国现代学徒制进入到一个全新的发展阶段。2015年，现代学徒制试点的大幕正式在国内开启，这一年，成为教育部首批试点单位的有165家企事业单位。在确定试点单位1年之后，教育部再次对单位进行了评估和审核，这些单位最终还是获得了相关的资格要求。

目前，我国现代学徒制的试点工作已不再局限于职业教育，而是逐渐推广到新型应用本科院校，它必将对本科院校应用型转型发挥良好的推动与促进作用。因此，加强制度建设对于新型本科院校学徒制的构建与教学应用具有至关重要的理论和现实意义。然而，缺乏完善机制体制的保障却是我国目前新型本科院校在推进过程中遇到的最大障碍之一。当然，每一种制度的成功推行，不可能一步到位，也不可能只凭借个体或局部的力量就可以完全完成，它需要时间和各方面的力量鼎力支持才行。我们应该参考国内外经验，从以下两个方面加强我国新型本科院校当前学徒制制度建设和学生双重身份的协调：

首先应设立专门规范的组织管理机构，进行学徒制的管理。这一点，国外的行业协会与"学徒中心"等专门机构又一次为我们提供了参考借鉴的范例。西方国家和地区在推行学徒制的过程中，成立创办了行业协会或者"学徒中心"，是开展学徒制日常规范和管理的专门机构。逐步固定的规范制度与章程，成为学徒制保驾护航的有力工具，相对独立的运行机制，也推动公平合理学徒制的建立和它的良性健康发展。

当前，教育部首先出台了一系列的政策和文件，即招收学生就是招聘了相关的工作，进入学校学习就能进入工厂和企业就业，这些政策实际上站在学校的利益这边。相比而言，人社部和财政部也出台了相应的政策招收学生入学，进入企业就能到学校上课，这种政策的颁布完全是站在了企业的利益这边。由此我们可以看出，教育部、人社部和财政部

三个部门之间的角度本身就是不一样,出台的政策也不一样,所以在现代学徒制管理权等方面也存在着本质的区别。所以,借鉴国外先进经验,从而建立起适应我国国情和社会现实的现代学徒制组织运营机构进行日常规范和管理,从而冲破现代学徒制推行的藩篱是当前必须要面对的时代课题。

同时,现代学徒制推行关键点和核心之处在于学生这个主体的存在,所以学生与学徒的双重身份就是首先必须要明确确定的。现代学徒身兼半学生与半工人的双重身份,身为学校中的学生,他们是校园生活的主体,也是基本公共服务的最终体验者和消费者。从这个角度上讲,我国的新建本科院校在转型过程中,应该从学生角度出发进行学徒制的改革实验,从而最大限度地保障学生利益。要建立完善并逐步推行学徒权益保护制度,减小学生(学徒)在实践过程中遇上的伤害或损失。另外,还要确保学生在学习过程中的权益,并且要明确学生、企业和学校之间的三重关系,避免产生不必要的纠纷,要签订属于三方面的协议,才能够保证学生与学徒的身份不受相关事情的影响。也让处于校内学习和校外实践的学生(学徒)权益可以得到真正保障和落实。

从另一个方面讲,在现代学徒制的运行中,学生(学徒)作为参与企业发展建设的因素,如何能够真正适应企业和社会的发展需要,在不断学习理论知识的同时,及时提升自己的专业技能,是摆在学生、企业与学校三方之间的关键问题。要想实现学生(学徒)双重身份的协调,企业自身要明确其需求的人才培养目标,有目的有步骤地推行适合企业和社会发展的人才培养计划,同时与学校的课程相对接,构建合理的对接人才需求的教学方案;其次,采取校企双赢的招生及招工方式。既如此,已经学成的学生可以通过进入到合作的企业当中从而解决自身就业问题,缓解了用人单位人才流失和学生找工作困难的窘境,最终的目标就是要实现"招收的学生即将成为就业的员工,进入学校学习的专业知识,就是学后去企业发挥作用,在课堂上就是在工作中,毕业就意味着就业了"的多赢局面,实现了学生与企业之间、学生与学校之间、企业与学校之间多方面的肯定和满足。

通过以上措施,我国新型本科院校在学徒制的制度建设方面得到强有力的支持和保障,困境也可得到一定程度的缓解。学生(学徒)身份在学校和企业的通力合作下更加协调稳定,最终推动新型本科院校学徒制多元化模式的构建和教学应用模式的实行。

三、完善学位制度，推动学历职业"双证"并行

学术水平的衡量标准是学位证制度的建立，国内学位证书的授予施行严格的制度。以此为依据，我国目前学位制度的施行仍旧强调以成绩和学术水平的高低为主要评价和考核标准。该做法虽在一定程度上保证了学位制度实行的价值，却过分强调以学生的成绩和学业水平为衡量和评价的杠杆准则，限制学生在技能应用等方面的提升培养。因此，如何进一步完善我国的学位制度，使之更加适应新时期新建本科院校应用型转型的背景，成为值得探讨的时代命题。

另外，当前我国高等教育学位的授予主要分为3个不同层次：学士学位授予在本科阶段，而硕士学位授予是在硕士研究生阶段，博士学位授予时则在博士研究生阶段完成。实际上，我国的教育学历分为小学、初中、中专或高中、专科或本科、硕士研究生和博士研究生6个层次，但是学位只有学士、硕士和博士3种，其中，专科和本科同样是属于高等教育，它只有学历，却没有学位证书。这就是只有学历没有学位的教育局限性。如何破解学位三层次、学历四层次的窘境也成为我国高等教育发展亟待解决的课题。

近年来，随着党和国家对高等教育领域的改革步伐日益加快，针对我国仍旧存在的学位三层次、学历四层次的尴尬境况，国家已开始强调推行学历职业"双证书"制度，以此解决我国职业教育没有专业学位的窘境，也为以后包括中职、专科、本科和研究生在内的高等教育指出更加明确的发展方向和道路。

职业教育模式的创新发展方面，在一定程度上，需要调整一些职业高等院校在设置专业、教师考评、教师招聘、人事管理、收入分配等多个方面加以考虑。这种管理模式的提出完全与国际接轨，完全顺应时代的发展，打破了长期以来职业院校受到不恰当干预的现状，必将促进包括中职、专科在内的职业教育蓬勃发展；要重视学分积累制度中职教育、专科和本科教育，甚至研究生教育学分积累与转化制度也应逐步实现，这些积分政策的措施，将会为职业院校教育融会到本科院校的进程注入强有力的催化剂，进而让职业教育和本科、研究生阶段教育的融通逐步

从理想状态变为现实，建构起更加成熟完整的高等教育体系框架。值得一提的是，对于学位的理解，西方国家与我国有一定差别，这也成为东西方教育现状出现不同局面的原因。西方国家认为学位是"高等教育一个阶段学习完成的标志"或者是"学术水平和科学成就的认可"。两者显然是可选择的而不是都必须具备的条件，具备了其中的一个条件，即可以被授予相对应的学位。因此，现今西方很多国家早就实现了从中职、中专至本科及至研究生的提升空间，这样的做法很容易理解。它能够完善学位制度，学生获得学位不再因为最初的学历受到限制，可以不断提升自我的平台，节约社会教育资源，同时有利于高等教育的平稳有序发展。

同时，应积极推进学历与职业资格证书"双证书"制度，实现学以致用。著名教育家陶行知先生曾说："事情怎样做就怎样学，怎样学就怎样教。"该观点与现代学徒制以及"双证书"制度密切相关，现代学徒制通过师傅和导师的双重引导，呈现出最本真朴素的职业教育特点及在"做中学"的双重原则，同时也达到了"学中做"和"做中学"的双重效果，为学历和职业资格证书双证并行扫清障碍。所以，在推进"双证书"的措施中，它有其独特的先天优势：作为产教融合的制度承载体和最佳实现方式，学徒制有利于推进"双证融通"，设立国家技术技能的积累制度。

新建本科院校在推行现代学徒制的同时融入"双证书"制度，是必然发展趋势，也是解决我国目前面临的高等教育体系不完善、学位学历层次不平衡问题的方法路径。基于此，应该深入积极推进职业资格证书制度到学徒制的建设发展中，平衡"双证"之间的比重，使二者能够得到同等程度的重视和发展。专业课程的建立与职业鉴定的标准能有效地完成对接，需要深入地研究职业技能的发展，以及教育教学工作中模式进一步专业化、标准化。有关学徒企业应增强相关意识，还要建立相应的学生实习岗位以及教师教学实践岗位相结合的模拟工作岗位的教学课程尽快落实在企业中，企业既要让此种教学的方式尽快得到经济效益，还要能保证这些岗位的经济效率，这样既能让学生学到知识，还能让企业有收益，这样才能达到三方共赢的局面。同时，要一贯推行现代学徒制、工学结合、校企合作等相应的教学理念，依托校企合作制定及开发的相对完好的双证课程目标及内容的所需，至于到项目具体实施时，基于专门的职业技能标准与课程标准对实践要求，综合行业规范完成实习实训任务，能够保持实施的教学项目和生产企业完整产品要求上的一致性。

面对目前我国尚需完善的学位制度和学历职业"双证制"，必将成为新建本科院校更应该积极推进探索。唯有更好地将学徒制与新建本科院校的转型之路相融合，推进普通高校的应用型转型之路，完善学位制度建设，促进现代学徒制多元化模式的构建，才能推动我国新建本科院校学徒制的构建。

综上，我国现代学徒制多元化模式的构建离不开校企间合作，制度保障以及学位的完善，唯有多方面综合作用，才能更好地推进现代学徒制多元化模式构建进程。

第二节　现代学徒制教学应用模式的新变革

我国现代学徒制正经历着自身的探索与蜕变，伴随现实社会的发展，现代学徒制教学应用模式也必将发生深刻的变革。中国国内现代学徒制滥觞于职业教育，现今已逐步拓展延伸到本科院校。当前，我国新建本科院校正处于应用型转型和"供给侧"改革的新时代背景下，西方发达国家的现实范本和以往在职业院校实行的教学应用模式为新建本科院校应用模式的变革发展之路提供了参考和借鉴。在此基础上，新建本科院校应积极总结经验并结合自身实际，探索出一条中国特色的应用教学模式，同时实现新变革与发展。

现代学徒制与新建本科院校同处于转型变革的关键时期，但在摸索前行的道路中，并不是一帆风顺的。现实中已经出现或者即将出现的种种挑战，特别是教学应用模式的变革方面出现的问题亟待我们去面对和解决，与此同时，新的发展机遇也是我们可以运用的资源。本节立足新建本科院校学徒制应用模式的崭新变革，从教育教学体制以及新型学徒制探索、课程体系优化、教师管理以及师傅的任用选拔等四个方面进行探究分析，特别是结合当前"新型学徒制"模式的探索，从而寻求新的变革路径。

一、深化教育教学体制改革，探索新型学徒制应用模式

改革教育教学体制和机制是关系其自身发展完善的重要一环。深化

教育教学体制改革，以适应国内现实社会进步的要求。现代学徒制教学应用模式的变革需要从教育（主要以学生为中心）层次和教学（以教师和师傅的合作为主体）质量两个方面着手，并且同步探索与新兴学徒制融合的过程。

我国的现代学徒制与西方发达国家地区相对比，具有发展的滞后性。面对当今中国大力倡导新建本科院校应用型转型的现实，现代学徒制教育教学体制的改革是大势所趋。由于本科与职业院校存在着不同的特点，现代学徒制又长期存在职业院校的教学实践体制中，因此，如何运用好本科院校平台，对教育教学体制进行新的改革，就成为具有现实意义的课题。

在推行现代学徒制路径中，小班化职业教育的施行和试点工作推动了教育教学体制前进的步伐，对本科院校教育教学体制的变革具有深刻的借鉴意义。小班化模式是指学校在招生设立班级的时候根据学校特色、专业特点、教学资源和学生兴趣等因素有计划地推行小班化。小班化的推行试点，跟当前我国教育"供给侧"改革背景不谋而合。要想在教育领域供给侧实现改革，就必须要对供给端的三个关键因素有更高层次的要求：质量、效率以及其创新性。要想了解他们的习惯和需求，就必须要站在学生的角度去分析和研究，这样才能实现个体的发展以及对未来社会市场的准确把握。为了让每一位学生的专业素质和综合能力都得到提升，只有进行小班化的方式才能让每一位学生都能学到专业知识，并且基本上教师就是师傅，师傅就是教师的基本理念贯穿始终。小班化的教学模式与传统教学方式有明显的不同，首先是一个班级的学生比较少，这样教学目的就会有针对性，教师的灵活会更加，学校教育的灵活度也会明显提升，整体的教学质量也会不断地提高。学生的需求更容易得到满足，更利于教师和"师傅"关注到每个学生，甚至一个学生可以配备两个师傅，从而让学生个人的技能得到更大更快提升，更加适应时代的发展要求。最终，学生便是小班化教育教学的最大受益者。在新建本科院校学徒制教育教学模式改革历程中，适时推进小班制教学模式的运行，紧密联系学校实际发展情况，以学生为中心，最终将有力推动我国新建本科院校现代学徒制教学应用模式的构建进程。

要想深化教育教学体制改革是离不开硬件设施的支持和教学质量的监督与管理。教学质量的提升，肯定不能离开教育教学评价和考核机制，它们之间的发展更需要不断地完善，不断地改进才能起到一定的效果。巩固硬件设施建设，则更加有效地实现了教育教学质量的进一步提升。高校自身也应该持续思考和探索新型学徒制的创新和发展之路，能够为学生进行职业技能培训和人文素养提升方面保驾护航，使其最终成长为社会所需的全面人才。在现实状况下，高校实施探索应用时，也应该积极主动地完成对学徒制评价体系的构建，特别要与之发展特征特点相契合、相适应、相匹配。由于现代学徒学生的双重身份和"双导师制"的特殊教育教学模式，就必须要建立一整套合理规范的考核评价机制。对学校而言，教师的行为得到统一的规范，设立统一的考核标准避免了学徒制推行过程中考核标准不一导致的"混乱"局面，处在学校中的学生可以更多地吸收到有益的理论知识，成为受益者；对学徒制企业而言，建立统一的考核评价机制，有利于规范师傅的教学行为，因为学徒制选拔出的"师傅"大多以"做"取胜，但对于"教"相对来说还是一个比较陌生的话题，唯有建立公平合理规范的评价考核机制，"师傅"们也才能时时提醒自己完成自省以及自我检查。当然，这还在一定程度上促成了"师傅"们之间的督促作用的发挥，如此，学徒们也能在技能上有很大的进步和提高，从师傅身上获益，从而为日后的发展奠定坚实的基础。

　　硬件设施必须不断地加强，才能深化教育教学体制改革，这是最重要的保证。硬件设施是学生在校园生活的基础和保障，坚实的硬件设施条件能够更加有助于师生完成教育教学的各项任务，为师生营造和创设良好的学术讨论氛围从而更加有力推动学校健康发展。这里所说的硬件设施，其实就是学校中的各种环境条件：教学、学习以及休闲娱乐环境等。现代学徒制的运行，不仅需要学校硬件设施强有力地支持，同时还需要企业提供良好的硬件设施，如具备高质量的机器设备等。鉴于此，学生学习的热情，学生学习技能的兴趣和学生学习理论知识的兴趣面才能被激发出来。硬件设施的完善不仅能提供教学的便利，还能提升教师（师傅）和学生顺应时代的发展潮流的最新教学方法，对于推动教学课程的改革有一定的帮助。

　　职业院校是推行新型学徒制的重要基地，根据教育部相关文件的政策，许多本科院校也在转型为应用型的高等学府，这些高等教育体系的形成，都能尽快地完善新型学徒制的模式。它的出现无疑将为现代学徒制的教学应用变革提供一剂强有力的催化剂。在推行这一崭新的制度过程中，教育管理者、企业和院校分别扮演和充当着不同的角色作用：作为指引和引领者的政府，主要的职责是对存在着的"游戏规则"进行不断的完善，对参与的企业提供经费支持也是政府需要完成的任务之一；企业在新型学徒制中实现了华丽的身份转变：从传统学徒制的客体转变为现在的主体身份，同时充分展现其主体地位和主导作用，把控实施进度和过程并进行总体责任落实；曾经作为主体的院校，在这里则变成了处于辅助地位的参与客体，主要思考怎样更好地满足企业的需求，并且提供更好的治理层次方面的相关服务。所以说，在我国目前许多新建高等院校转型为应用型高校的重要时期，新型学徒制模式的出现和发展，完全符合时代的发展趋势。新型学徒制的推行，在保持传统、继续承袭现代学徒制的"师带徒"优良教学模式基础上，让学生在理论和技能方面得到同样的水平层次上的提升，这更加有助于学生早日进入社会，解决就业难题。学徒制的建立和推广很大程度上就是要开展校企合作，互惠共利。既然学生能学以致用，又能毕业即就业，学校培养的学生既符合社会的需求，又能改变以往学生毕业即失业的困难局面，有利于缓解就业压力。另一方面，新型学徒制的主体从院校转移到企业，赋予企业更多的自主权，再加上政府的政策资金支持以及学校的协助，促进那些优质的培训资源以更加有效的方式实现自身凝聚，提升企业参与新型学徒制构建的积极性。同时，新型学徒制以"新型"为中心和重点强调的内容。前面提到，这种教学模式明确了"招工及招生，入企即入校"为其主要内容，作为用人单位和主要培养单位的企业，负责确定和落实学徒对象以及岗位的具体设定。在此基础上，综合市场考察需要，对将要培训的包含目标、内容以及考核的方法等诸方面问题进行考量确定，最终，在完成上述环节基础上，签订与培训机构以及合适劳动者的合同。这样一种新型学徒制开始探索以岗位需求为中心的培训模式，这一点与目前德国等欧洲工业相对发达国家地区推行的学徒制可谓有异曲同工之妙，存在诸多相似之处。

新型学徒制的探索推行符合企业惯常的对于相关岗位的劳动养成的基本规律，如此，就建构起以政府引导力、企业为主体、院校相配合的三方联动机制。在新建本科院校学徒制的发展历程中，将来不断实现更大范围的企业新型现代学徒制推行已然成为不可阻挡的发展趋势。它建立在我国当前社会发展实际、高教体系不断更新以及市场和就业为导向的前提之下，在试点工作持续前进的路程中，多方受益也将会成为不争的现实：作为实施主体的企业，可以招收进更多具有高素质并且能够适应岗位需求和稳定的技工；作为未来劳动者的学徒们则实现了岗位职业与技能双方面的学习和提升，院校的生源变得更加稳定，有助于发展，政府能够更好地实现社会经济的发展，还能解决最基本的就业问题，是一项不可多得的举措。总的来说，现代学徒制的发展必须要与企业紧密联系在一起，才能以发展的眼光看待多方面的受益举措。

二、优化课程体系设置，全面推进统一进程

课程的设置是为了实现教育的目的，是内容、方式、分量、范围等多方面的总和，是高等学校进行人才培养的基本途径和方法。课程的种类比较多，主要分为广义与狭义：狭义的课程主要是指各门课程培养的人才方案；广义的课程主要是指按照课程的相关要求建立起属于每个学科的每个体系。狭义课程和广义课程共同组合成高校的课程，在整体课程的规划当中，高等院校或学校按照相关的培养方式和方法，以某一学科知识点所建立的传授进程，这些课程的设置每年都要根据不一样的背景做出相应的调整，以便符合社会的发展需求，又立足于知识体系。

在新建本科院校人才培养方案中的课程结构类型主要有公共课、学科基础课、专业基础课、专业核心课、实践操作课等。作为新建本科院校，在课程设置过程中一定要定位好自己的办学目标，办学方式和方法、逐步提高自己的人才培养目标等方面做出积极的影响。随着社会经济的发展，时代所赋予的社会责任也在不断变化，对于人才培养的提高也要不断地探究和分析，让其课程设置不断地变化发展，跟上时代发展的脚步，这样才能培养出更多的优秀人才。因此，在我国推进新建本科院校向应用型转型的时代背景下，新建本科院校要把努力提高人才培养质量的教学目标统一归总到教学全过程中去，这样才能更加符合现代学徒制的发展要求，推进所有新建本科院校教育教学的改革。然而，课程的优化改革与课程本身有所差别，没有广义和狭义之分。因此，在实际推行过程中，既要重视狭义的单门课程建设，又要加强广义的课程体系的改革与优化，并促进二者的有机结合。更要找到现代学徒制与课程改革的切合点，推进两者的共同进步与发展，从而为我国高等教育人才质量的

综合提升奠定坚实基础。

课程体系主要是指根据人才培养的目标，进行课程内容和教育教学活动的一整套系统。课程体系的建立要符合教学内容的发展，还要成为学校教育的主要方式之一，更要成为培养人才的主要途径。当然，一个课程体系直接影响着学生的专业知识、业务能力和人文素质的全面发展。课程体系的完善和建立关系着人才的培养质量，也关系着特色办学的模式的建立和发展，它们之间有着非常重要的作用和影响。依托课程体现的改革直接关系到新建本科院校的发展，也关系到教育者关于现代学徒制可否施行的重要保障，这些教育思想和教育的价值理念更需要实施，要不然就是口头理论，无法证实其存在的价值。因此，新建本科院校的课程体系设计更加具备其自身的优势特色，同时不断进行革新，被赋予新的时代内容。

当前我国新建本科院校正处于现代学徒制的探索试点时期，优化新建本科院校课程体系设置，使之与现代学徒制的要求相适应，使之更加符合现实需要，将为新建本科院校实现应用型转型和教育领域的"供给侧"提供强有力的助推力。但课程体系的优化与改革需要高等院校、学徒制企业甚至有关方面管理者的共同努力，且不是一朝一夕就可以完成的，它的实现必将经历一个漫长而曲折的过程。

随着时代的发展，新建本科院校发展也需要一分二来看，当然，也存在着这样那样的不足，但新建本科院校的优势是紧贴时代脚步、紧跟政策，其执行力非常强，环境适应性也比较符合时代的发展所需，制度贯彻力度更加强大。有教育者认为："处于转型发展时期的新建本科高校要发挥制度后发优势，制度移植、模仿与创新三者不可或缺，且制度模仿是最有效的路径。"要建立应用型课程设计的改革思路，必须要参考具有多年实践的瑞士、德国、法国等发达国家，吸取他们优秀的经验，努力建立起一个既符合社会发展需要的课程体系，又具有本国特色的现代课程体系，为现代学徒制的建立打下坚实的基础，为探索与建立一种应用型新课程体系提供更加广阔的改革思路，帮助学校在人才培养方面制定更加准确的方位和目标。

在现实状况下，优化新建本科院校的课程体系设置，应从以下几个方面着手：

首先，新建本科院校应用型课程体系要专门建立学徒制服务课程。

学徒制的实行，离不开学校、学徒制企业以及相关管理部门的通力合作，特别是有一个完整系统的课程体系作为衔接的载体，更是在中间发挥不可替代的作用。但遗憾的是我国目前尚未形成一个专门服务于现代学徒制的课程体系。相比较一般的课程体系，服务于现代学徒制的教学体系应该更加注重课程的实践性，将学校中理论的学习与真实工作环境下的实践学习相融合，通过理论的学习指导有意义的实践活动，同时通过实践活动提升理论认识和水平，在理论和实践能力都得到提高的同时，更加侧重和关注学生的实践能力与水平。一个专门针对现代学徒制的应用型课程体系，必将推进课程体系的优化和管理，最终推动新建本科院校教学应用模式的改革与革新。

其次，应该紧抓时代脉搏，加快融合现代学徒制在"供给侧"改革背景下实践教学内容的专门教材的编写和应用。教材的编写和应用，成为教学体系优化改革中决定性的一环。教材出版的合适与否，是否能够适应现实的需要，深刻关系着教育教学的质量和教学应用改革的进行。编制为现代学徒制之服务的教材，应该着眼于新建本科院校的实际，同时紧密结合"供给侧"改革的时代背景，从学生角度和利益出发，实现校企合作基础上的专门教材编写，既符合学生就业需要，同时又能让学生有所收获，在传统教材编写基础上实现创新和突破。

最后，构建新建本科院校学徒制基础上的多学历整合课程体系平台。在当前，我国大力发展职业教育，推行职业证书和学历证书"双证并行"的前提下，新建高校本科院校应联系自身实际，在优化课程体系的建设过程中，应该推动现代学徒制尤其是新型学徒制基础上的多学历整合平台，实现在本科院校的职业教育，推动从小学、初中、中专和高中、专科和本科、硕士研究生和博士研究生的课程体系的完整统一和协调发展体系。

中国教育观念转变重要的一个环节就是慢慢地实现现代学徒制，这也是中国从一个制造业大国逐步向制造业强国转变的重要一步。摆在所有新建本科院校面前的首要问题是借鉴国外现代学徒制的经验，如何符合中国国情的发展、如何有序地顺利进行，才是所有试点单位和院校需要思考的。现代学徒制的发展，是一个非常复杂的体系，各个地方都在进行试点和摸索，国家没有整体的安排。对于大规模的展开此种现代学徒制的模式，需要总结试点的优势和劣势，及时调整发现的问题，在更高的层面上把握大局。在课程体系的优化方面,应该借鉴国外发达国家的经验,结合我国实际遇到的问题,寻求最佳效果的实现途径。

我国目前在现代学徒制的试点推行过程中,尚未建立统一的课程标准以及统一的课程体系,因此,要推动全面统一的进程。实现课程标准和课程体系两个方面的规范统一,尤其应该在国家层面进行顶层设计和统筹规划,让现代学徒制试点的学校统一的标准进行教学实践,同时,广大中小企业还可以借鉴发达国家经验依托行业协会等组织,建立联合实训中心,共同参与学徒制。

三、完善培训管理机制体制,强化"双师双能型"教师队伍

教师,作为教育教学活动的主要执行者,直接关系着教育教学质量的高低。一个国家教师素质的高低好坏,对这个国家的文化建设产生至关重要的影响和作用。因此古今中外,教师,无论是作为一种职业还是一种身份的象征,历来都受到人们的尊敬和重视。我国古代著名文学家韩愈在《师说》中对教师的职责做了最简洁明了的概括阐释:"师者,所以传道授业解惑也。"这句话流传至今,也早已被赋予新的时代内涵。教师,在现代社会不仅成为知识的传播者和教授者,帮助学生答疑解惑,更对学生的身心健康发挥着至关重要的作用,对学生的世界观、人生观和价值观的形成常常产生不可磨灭的影响。所以,完善现代新建本科院校教师的培训管理机制体制将对提升整个中国国内的教师素质起巨大的推动作用,具有十分重要的紧迫性和现实性意义。

另一方面,随着经济全球化步伐的加快和互联网技术的迅猛发展,世界范围内人们的交流愈加频繁。而"地球村"的出现,也早已成为一个明显的既定事实,世界各国之间有关文化和教育的交流愈加频繁,特别是在网络平台出现的公开课(其中以网易、新浪公开课等为代表),更是推动了全球优质资源的共享。教育作为影响一个国家文化软实力的重要因素之一,正日益成为各个国家关注和发展的重点,尤其是全球经济比较发达的美国、日本等国家,在教育的投入方面可以说是没有任何的犹豫和迟疑。社会的进步及经济的发展,许多国家重视对人才的培养。不可否认,伴随着近年来中国综合国力和影响力的日益提升,文化软实力成为上至国家,下至百姓关注和热议的话题,教育发展和人才的培养,

日益上升到国家战略层面，足可见其在国家发展命脉中的分量。因此，强化对新建本科院校教师的培训和管理，必将在教育层面甚至对整个国家的发展产生不可小觑的力量。

"双师双能型"教师，是近年来高等教育特别是职业教育中反复出现和强调的一个新名词。对这一有中国特色的概念直到现在都没有一个特别明确和规范的科学定义，研究者们大多只是提出了理解"双师双能型"教师的内涵应把握的几个方面，并且着重于对"双师"概念的解释，对于"双能"则涉及内容较少，研究这一概念的认识主要是参考国内相关文献提到的内容。据考证，王义澄是我国最早提出"双师型"的第一个人。其在1990年发表《建设"双师型"专科教师队伍》一文，文中指出上海冶金专科学科培养"双师型"教师人才队伍的方法，开创了我国职业教育"双师型"师资队伍建设研究的先河，对后来进一步认识"双师型"教师内涵和研究产生了一定的影响力。目前为止，关于"双师型"教师的内涵界定，代表性的观点有："双证"说（即教师资格证和职业技能证）、"双能（双素质）"说（即兼有教师与技师的职业素质与能力）、"叠加"说（即"双证"+"双能"）、"双职称"说（即兼有教师系列与工程师系列的职称）、"双层次"说（即第一层次为经师+技师；第二层次为人师+事师）、"特定情况"说（即离不开当前我国职业院校重理论、轻实践的背景）等。这些观点从不同角度对该概念进行阐释，正因如此，不可否认"'双师型'教师"这一概念是一个看似简单而明确，实则多有歧义的概念。"双师型"教师的具体要求是：首先要职称限制，必须具备讲师、副教授或教授资格，还有对相关专业的知识要求和较高的文化水平，还要有较强的科研能力和教学能力等综合素质；其次要具备较强的实践操作能力，还要有一定组织能力和推广能力，以及指导学生创新创业的基本素质。尽管对"双师型"教师存在着不同角度和层次的理解内涵，但一个确定的事实是，"双师双能型"教师概念的不断拓展延伸，对高等院校尤其对处于应用型转型的新建本科院校的高校教师提出了更高层次和更严格的标准和要求：教师不仅要具备理论教学能力，更要有实践教学能力。现代教师要提高综合能力才能适应现实社会的发展新要求。

2015年，由教育部、发改委、财政部共同组织发布的《关于引导部分地方普通本科高校向应用型转变的指导意见》有关于转型发展的主要任务内容中，又一次特提出了要加强"双师双能型"教师队伍建设。强调合理的教师结构、改革聘任制度和评价方法、积极引进各行各业的专家进入课堂授课，对于专业建设带头人和学科带头人一定要聘请熟知该领域的优秀人才，尤其是技术人才、高技能人才和管理方面的人才担任客座教师或兼职教师。鼓励高校教师到生产一线去学习和实践，学校也要提供必要的教学评价体系，采取职称评聘、薪酬鼓励等多项措施推进。

完善教师培训管理机制体制，强化壮大新建本科院校"双师双能型"教师队伍，顺应当前推进应用型转型和"供给侧"改革的时代背景，必将推动我国新建本科院校在现代学徒制的试点过程中的教学应用变革进程。

具体应该从以下几个层次着手：

首先，应设立专门的服务于现代学徒制的教学培训管理机构。我国新建本科院校在转型发展的关键时期，需要现代学徒制的辅助和支持。然而我国尚未形成一个专门的服务于现代学徒制教学实际的培训管理机构，这样一个现状也让各个试点单位在教学实践中缺乏统一的规范管理和统一的培训课程，导致的可能后果就是评判标准、管理层次、培训内容等的不同，不利于现代学徒制教学应用模式的顺利平稳运行。因此，在这方面，我们应该反思现状，密切联系现实，借鉴西方发达国家经验，成立具有中国特色相对独立的专门服务于现代学徒制的教学培训管理机构。

其次，应打造一支存在于我国新建本科院校中的现代学徒制专门教师团队，应选拔一批"双师双能型"教师作为管理人员，参与到机构运行中。该措施的推行，有助于激发教师参与现代学徒制构建的积极性，同时，让其发挥自身的优势，达到人尽其才的效果。"双师双能型"教师的选拔，尤其是对青年教师的选拔和任用，更是可以作为本科院校学徒制教学实践培养的储备管理人才，也是现代学徒制在应用型转型背景下对高校教师提出的必然要求。

最后，教师的实践锻炼要表现在生产第一线的挂职锻炼以及企业的培训中，这样才能完全融入现代学徒制培训的模式当中去，才能更好地推动教师自身素质的提高，更加有利于把一线的知识传授给每一位学生。随着现代学徒制的深入推进，特别是新型学徒制的出现，对教师自身素质和能力有着更加严格的标准和要求，这就需要拓展教师的培训渠道和平台，结合新媒体等进行多渠道和多平台的培训学习，适时有计划地推进教师到企业进行培训、挂职工作和实践锻炼必将有助于推动"双师双能型"教师队伍的发展壮大。

四、严把"师傅"考核任用关，深入提升"师傅"综合素质

校企合作是现代学徒制人才培养的重要方式，主要依靠课程为中心，以培养学生（学徒）为核心。主要是企业的师傅和学校的教师为主的内外导师制为主的培养方式。传统人才培养模式主要是学习理论、实验理论和实践实习三步走的模式。与现代学徒制相比，学生学习理论，直接与社会接轨，且具有一定的岗位课程，把企业的职业特征和职业素质完全体现在这种培养方式中，这样的模式已经影响了澳大利亚、英国、法国和美国等国，得到他们的偏爱和推广，在我国也受到越来越多的重视。在现代学徒制人才培养模式中，企业师傅指导学生学习过硬的专业知识是生产一线的专业结构，也是现代学徒制当中非常重要的参考因素。

现代学徒制人才培养模式中企业师傅是关键人物，也发挥着非常重要的作用：

首先，直接参与教学管理运行和人才培养方案文件制定。在现代学徒制人才培养实施过程中，高等院校与合作企业共同研制切实可行的实践教学、相关的专业教材和课程，完善的组织考核评价体系以及教学科研等。这些环节都有企业师傅的直接参与，他们有着丰富的经验，也有着非常专业的技术知识，他们了解企业需要什么样的人、需要什么素质的人、企业应该怎样培训和培养学生。所以说，企业师傅是现代学徒制人才实施和培养当中非常重要的一个参与者，直接关系到现代学徒制的成功与否。这一点，对于面临转型发展的新建本科院校来说，同样也适应。

其次，企业相关的课程教学和技能培训与师傅密切相关。现代学徒制主要教学方式是以"学校课堂教育和岗位师带徒技能培训"两者相结合的方式，一般是第一年学习理论知识，从二年级开始就进入企事业单位的实训。由企业选择一些精业务的师傅指导学生，进入生产一线操作学习；在二年级的基础上，三年级的学生继续顶岗实习阶段，继续在师傅指导下提高业务水平；学生即将毕业时候，根据校企双方的考核制度，只要考核合格就可以直接上岗工作。学生通过具体的实践操作完全可以掌握一些业务的操作技巧，这些都要得益于师傅的指导，并且在最短的时间掌握最需要的行业最前沿的技术，不仅要学习枯燥乏味的理论知识，还要有充足的实践经验。一些技术性较强的行业，除了最基本的专业知

识外，还有一些只能通过生产一线的不断实践才能总结出来，而这些知识恰恰只有在生产一线的师傅才能了解。学徒跟着师傅或其他工作的人的工作才能慢慢了解这些知识和专业技能。在进行现代学徒制试点的新建本科院校中，企业师傅同样对企业的实践和实习课程教学与技能培训发挥着主导作用，作为现代学徒制的直接参与者，推动教学和培训的进行。

最后，师傅直接影响学生职业道德和职业素质养成。在现代学徒制人才培养中，师傅站在生产一线，指导学徒学习有用的专业知识和技巧，这些都是面对面的交流和学习，在一定客观上，具备能够掌握和理解能力；与此同时，学徒看着师傅这么多年来一如往日地专研一门技术和技艺，其对知识的刻苦精研，以及这种敬业的精神都会让学徒学习到，尤其是师傅的职业道德、职业素质和职业素养会感染到每一位学徒，这就是现代学徒制的精神所在。

随着现代学徒制自身不断地进步演变和革新，新型学徒制应运而生，更加强调了企业的主体地位，企业由现代学徒制的从属地位顺利过渡并且掌握了主动权，以新型学徒制中主导者的身份再次出现在公众视野。正因此，对"师傅"的严格考核与把关，全面提升"师傅"的教学质量就显得十分迫切和重要。

正是由于校企深度的合作，才会有现代学徒制教学模式的诞生，更会有利益共同体的存在。教师素质提高必须建立在双方共同的合作规则之中，且这种规则要共同遵守和维护。第一，在选择"现代师傅"的资格标准中，要校企联合相关的学历标准、专业素质、业务素质、职业道德等方面进行评价，"现代师傅"必须是企业的生产一线的技术骨干；第二，对于选中的"现代师傅"，企事业单位要给予政策的优惠和时间的保证，要让其有足够精力处理专业业务和传授知识；第三，"现代师傅"也要根据学校的相关规定，把生产一线的知识经验传授给学生，需要学习一些传授理论知识，既能让学生更容易理解，还要让学生很迅速地掌握，要做到因人施教、因业施训，以便更好地保障师傅的专业素养。对于现代师傅的一线生产技术肯定是比较优秀的，但是并不一定学生在听课时能听懂，所以学校有义务让现代师傅了解学生、了解学校，了解怎样育人的环境，这样才能制定切实有效的培训和培养方案；不一样的环境，不一样的方式，企业师傅会有许多不适应，尤其是一对多授课时，可能会面临许多问题，所以要充分了解集体授课的基本要求，更加重要的是需要加强管理学生的能力。

　　互惠双赢是现代学徒制合作双方的基本原则，学校既能培养出更多的优秀人才，还能解决就业压力，企业既能寻找到自己培养的人才就直接上岗工作，不用再次培训和学习，可以节省不少资金。当然，还可以为地方经济发展做出相应的贡献，生产一线的优秀师傅把自己的经验传授给即将工作的学生或学徒，可以为将来工作打下一定的基础，还能继续传承思想高尚、素质全面、业务过硬的"现代师傅"。技艺更能加强校企双方深度的合作，培养出高质量的应用型人才做出一定的贡献。严把"师傅"考核任用关，提高企业"师傅"的综合素质，必将有利于新建本科院校现代学徒制的发展。

　　综上所述，在新建本科院校学徒制的构建和教学应用方面，我国的试点高校仍存在现实的问题亟待解决，我们从现代学徒制多元化模式的构建和教学应用模式的革新两方面探索了问题解决的方法和途径，希望为未来新建本科院校"现代学徒制"推广提供新的借鉴路径和思路。

第七章 新建本科院校学徒制的未来之路

当今世界范围内，飞速发展的经济全球化趋势，使得各国之间形成了经济文化沟通愈加频繁和紧密的关系。在高等教育领域的相互借鉴和学习，更是突破了文化和地域的限制，一定程度上促进了全球文化发展的多样化和繁荣。然而，一个必须正视的现实就是：伴随时代发展和社会进步，科技和文化正发挥着愈加重要的作用，而一个国家人才素质的高低，成为该国科技、文化、社会各个方面至关重要的影响因素。在我国经济转型升级转型的关口，践行创新发展理念，人才是最重要的资源。所以对人才的培养，尤其是对具备高素质技能型人才的培养就显得更加重要和紧迫。

目前，中国致力于打造"中国制造 2025"计划，"中国制造"尽管获得了较大发展，在国际市场上也占据了相当地位，但其发展也呈现出了大而不强、多而不精的尴尬局面。"中国制造"所依赖的优势，多数不具备可持续性，不利于其长效而健康的发展。现实的情况是要想寻找到"中国制造"的出路，就必须依靠从"中国制造"向"中国创造"的转变，就必须要努力打造和完成两者的融合创新与转型升级。更要实现二者的融合与升级，上述结果达成的关键前提与基础就是制造，实现的目标以及最终的方向则是创造，以创造为方向和目标，力图真正能够创造出具有鲜明中国特色的并且具有国际影响力的"中国智造"。处在这样一个生存发展的关键时期，就必须要格外重视对技术技能型人才的培养和输出、对高素质创新人才的关切与关心，这两种人才是经过实践证明了的。本科院校推行现代学徒制所必需的人才。我国学徒制的发展，实际上最早出现于原始社会时期，但受综合因素的制约和限制，落后于西方国家的发展。而现代学徒制在我国新建本科院校进行试点和摸索，晚于我国的职业教育院校，更晚于西方国家。在现代学徒制进行试点和教育教学过程中，存在着现实的问题亟待解决。只有结合新建本科院校应用型转型的实际情况，学习和借鉴制造业强国的经验作为基础，同时探索我国职业教育现代学徒制的困境，真正实现探索和寻找到适应我国信息按本科院校应用型转型实际情况的"现代学徒制"未来发展之路。

本章主要从现代学徒制发展的外部环境、内部元素、"工匠精神"（结合"供给侧"改革）以及对本院校应用的反思和启示四节内容分析和探究，每一节具体分为三个小节内容进行具体探索，借鉴他国经验，总结和反思自身不足，并结合新的时代背景，以及"工匠精神"供给侧改革"等新概念，以期为现代学徒制的发展提供新的借鉴路径和方法。

第一节 营造良好的现代学徒制外部发展环境

按照马克思主义哲学的观点，任何事物要想实现发展都需要内外因共同作用的发挥，一事物发展的根本原因是内因居于主导地位、发挥作用的结果，而处于从属地位的则是外因影响着事物的发展。由此可见，我们在重视事物发展内部因素的同时，应该给予事物发展的外部环境因素同样重视，从而避免由于外部因素处理不当而造成的不必要的损失，对外部环境因素的合理有效的利用，也能在一定程度上推动事物向良好方向发展。

学徒制的出现，适应了历史和现实的需要，有其发展必然性。同时，诸如政策制度、管理体系和国与国之间的交流和促进等外部因素的助推，也在学徒制演变发展过程中发挥了重要的作用。从出现到逐步完善，学徒制的发展经历了一个漫长的历史时期，学徒制的内涵和形式伴随着时代的演变不断发展。当代中国新建本科院校的学徒制应用模式正处于一个转型发展的关键时期，如何为现代学徒制实现向新型学徒制更大面积的过渡创设一个良好的外部环境，从而推动其发展，成为值得深思和探讨的命题。

一、建立健全法规制度，改革创新管理体系

一般意义上的对于"法律"概念的认定，主要是基于以下两点认识：第一，从法律的立法机关维度，主要是由司法机关组成的国家强制力保障实施的，必须要经过社会广泛认可、国家的正式确立的过程，同时需

要由国家立法机关对当事人所应该享有的权利和承担的义务相关内容做出明确规定，这样就形成了普遍层面的对全体社会成员的约束力。第二，从法律的社会学意义维度，主要是捍卫人民群众权力和利益的工具，维护国家稳定的武器。一般意义上的对于"法规"概念的认定，是指国家机关指定的法令、条令、规则、章程等法定文件。

健全的法律法规与系统的社会规章制度历来是国家统治者关注和改革的重点内容。法律法规的制定和完善以及规章制度的制定和执行，并不是一朝一夕就可以简单完成，也不能仅凭一个人的力量就可以做到，在这个过程中，必然要面对诸多问题和挑战。唯有正视困难，积极寻求问题解决之道，才能促进法律法规的健全和规章制度更加系统化。

在学徒制的发展过程中，由于西方发达国家重视对其外部环境的塑造，特别是在法律法规和制度方面给予学徒制发展的保障，最终推动了其平稳有序、向着良性方向发展。在《工匠学徒法》（1563年）中提到，英格兰为了解决越来越严重的贫困问题，试图统一学徒制度，通过加大培训手工技艺制作的力度，提高相应的质量。在制度方面，行业协会的成立以及专门为之建立的制度规范为我国现代学徒制的发展提供了可借鉴之路。可以说，有了不断完善和健全的法规制度，西方国家的学徒制发展才一直保持在正常轨道中不断前进。

就我国目前现状，职业教育中现代学徒制的发展早于本科院校，逐渐形成了自己的风格和特色，试点的院校范围得到进一步拓展和延伸。但遗憾的是，迄今为止，我国国内仍未形成一个以现代学徒制为中心，由国家统一颁布的法律法规，也未制定一个相关的统一规范制度。这样的现状，既不利于现代学徒制在职业教育中的继续发展，更加不利于新建本科院校现代学徒制的试点推广。

目前摆在我们面前的现实就是，新建本科院校的发展正处于向应用型转型的重要关口，而在更大范围内实现对现代学徒制的推广施行，则为这类型的高校注入强有力的催化剂，切实推动其发展。在这个转型发展的关键时期，我们应该借鉴西方国家的发展经验，也应该深刻认识到，唯有尽快出台和制定真正服务于现代学徒制的相关法律法规，真正从国家层面对现代学徒制的发展给予更多法律上的规范和关注，在相关部门加强管理监督和法律法规的推行配合下，促进我国现代学徒制法律法规制度的健全完善。同时，现代学徒制的教育教学实践还需要从国家层面制定严谨、准确、规范的制度体系，尤其是应该紧密结合现实的状况，制定公平、合理系统的制度体系，积极严格地促进其施行，才能最终推动其向前发展。

根据百度词条对管理的解释，可以从以下几个方面对管理的概念特征进行理解：所谓管理就是管理主体在完成和实现各种组织目标的过程中，依赖于有效的管理组织，实现对诸要素（主要包含有人、财、物以及信息与时间等）的恰当利用，这其中，还需要管理手段的恰当配合。从该概念中可以看出，管理的要素主要有管理的主体、管理的手段、管理的过程几个层次内容，具体的内涵在这里不再赘述。可以说，上至国家政府，下到家庭个体，都需要恰当管理模式的运行，在学校教育中，管理也有其存在的深刻价值和意义，特别是在现代教育当中，采取什么样的管理模式，从而实现教育教学秩序的平稳运行是当代教育者们不断探索和思考的命题。对现代职业教育来说，在当前的形势背景下，寻找一种适合国内实际需要的教育教学管理模式，也成为值得思考的命题。而西方现代学徒制的成功之道，为国内职业教育的发展提供了可借鉴的经验，加上本身就有的艺徒制存在现实，试点推行现代学徒制运行模式到职业教育当中就成为一个具有可操作性的选择。但是，只有建立并且创新适应我国国情的管理体系，才能真正推动现代学徒制和职业教育融合的过程，推动二者真正向前发展。

一般说来，现代大学制度的内涵是党委领导、校长负责、教授治学、民主治校。与此相适应，还要正确认识和处理好三大关系，即高校与政府的关系，高校与社会的关系，高校内部之间的关系。建立现代大学制度的过程必须结合国情、省（区市）情以及民情来进行，脱离了实际情况而进行建设的大学制度必将起到消极的反作用。另外，我们也不能对西方国家的大学制度采取全盘吸收、照搬照抄的态度，这种做法也是极其不明智并且不科学的，这就要求我们在构建现代大学管理体制的过程中，必须实事求是、走自己的路，必须创新和发展，新的本科院校要充分发挥自身的独特优势，创新高校管理体制。而现代学徒制的有序运行，离不开管理体制机制的创新和完善，因此在"准市场"机制下，中国特色现代学徒制的运行管理机制应包括以下几个子系统：首先，分层管理与系统合作的管理机制。借鉴和参考英、德学徒制模式，确立具有中国特色的现代学徒制的分权、分级、分块的管理思路，中央分权给地方，采用分级管理；分权给行业，实行分块管理：中央教育部门和劳动管理部门成立联合机构负责总体规划和领导，下属独立机构负责学徒制项目的开发和标准制定，地方上的教育主管部门、行业协会以及院校企业各司其职，分工协作，促进现代学徒制的发展，前两者主要是进行学徒制的具体管理操作，而后两者主要实现学徒制的具体实施环节。教育部门与产业部门自上而下系统合作，保证学徒制的权威性和规范的统一性。由行业协会进行协调，企业和学校发挥共同主导作用，培训中介参与其中，这样一种颇具生命力、多方协同联动的特色存在于现代学徒制培养体系中。毫无疑问，校企双方是该体系的主体所在，学校完成对人才的培养教育，而企业需要人才，学校和企业之间通过签订合作协议来明确自己的权利和应尽的义务。行业协会充当着桥梁纽带的角色，一方面，它搭建起学校与企业进行交流合作的平台，可以作为企业的代表完成对学校人才培养情况的考核评价；另一方面，行业协会还连接着企业和政府两端，促进两者之间更深入的合作交流，正因此，行业协会才应该要具备远见卓识，要立足于行业产业未来发展态势，并且给政府在人才培养策略的制定中以恰当辅助。纵观市场运作过程中的现代学徒制，培训中介的存在也就有不可小觑的意义和作用，他们的存在一则成为学校教育的补充形式，另一方面，能够进行专业化的训练项目教授，成为校企间实现合作的纽带。在现代学徒制的市场化机制中，培训中介大大提高了市场竞争力。

其次就是利益均衡的合作保障机制：利益均衡是现代学徒制市场化运作的基础，只有平衡各方利益，才能激发参与现代学徒制各方的积极性。建立利益均衡的合作保障机制，首要任务就是要建立公平、科学的政府投入制，包括款项分配机制和政府津贴、补贴二次分配机制。做好企业和学校之间关系的处理，研究好培训津贴分配给企业还是学校。其次，要合理地处理学徒津贴，同时需要考虑培训中介的利益。

渐趋完善的法规制度和改革创新的管理体系，在中国新建本科院校建设中国特色学徒制的道路上必将发挥其重要作用，成为不可小觑的推动力量。

二、借鉴他国经验，实现学历完善整合

现代学徒制适应了社会和时代的要求，并且为经济社会的进步发展

做出了贡献，因此，世界上很多国家都先后尝试过学徒制，更是将其作为促进经济社会发展的有效手段和战略方式。学徒制滥觞于英国，但在后续发展过程中，学徒制未能紧跟英国高等教育发展的实际，因此，在某些方面恰恰阻挡了英国高等教育的发展。另外，很多发达国家学徒制的发展并没有一以贯之坚持下来，有些国家甚至只是进行了浅尝辄止的实验，成为学徒制推行的跟风观望者；有些国家虽然也有所进步，但实际上对现实社会并没有很大的贡献。因此可以说，学徒制的发展只有真正符合本国国情和实际，才是真正值得推广应用的。迄今为止相关教育模式发展最好的德国，为我国新建本科院校现代学徒制的试点和推广以及施行提供了经验借鉴。

德国学徒制始终保持良好势头的秘诀究竟何在？这个问题确实值得教育改革者尤其是高等教育改革参与者玩味。其实，德国的做法一点都不复杂，甚至很简单，只有两个字"统一"，统一制定国家认可的职业名称，统一开发共同的课程，最终的结果就是现代学徒具有了与普通学校学习的相同特征，即极大的兼容并包性和开放创新性。

有统计研究表明，尽管不同国家呈现出明显的职业特色，但是从总体上说，世界范围内长久以来公认的职业名称大多维持为 350 个，这当中则涵盖了十几个相应的职业领域范围，并且配套有专门的职业课程。鉴于上述原因，学生或者学徒一旦按照相应的职业名称完成培训并通过考核，通行证就相当于拿在手中，在有关行业领域实现就业就不再是难事，这些都与学生或者学徒所在的企业、城市并没有直接关联。

与国外现实情况相比较，我国的现代学徒制毫无疑问仍旧处于初步探索阶段。有专门的学者专家在进行该课题的研究时，就提出我们应该立足于现代学徒制已经存在的现实基础，汲取西方国家的经验精华，早日从国家战略层面完成对学徒制的总体战略规划以及顶层设计，最终实现试点的有据可依。同时，要不断努力，提高青年一代争先恐后做学徒的积极性和参与度，具体通过切实有效的手段，打造更加清晰可见的职业前景来实现上述目标。

除此之外，还应该注意国家在鼓励和支持企业积极参与到现代学徒制的发展推行当中时，也要进行强制性要求的设置及操作，这样一来就避免或者有效减少了部分企业企图"搭便车"、占便宜的现象发生。这里再次以德国为例进行参考。作为工业制造相当发达的德国，就专门针对上述问题进行法律的制定和规范，其中是这样规定的：企业雇佣职工的人数多于10人，就必须履行职业培训的相应义务，同时，每一年岗位培训的数量也必须要大于等于当年企业在职员工的7%。就目前国内中小企业的现实状况而言，虽然总体上呈现良好的发展势头，但是面临的问题也比较多，所以借鉴参考西方发达国家的相关经验，借助和依托行业协会等的力量，通过多方联合设立实训中心的方式，或许是中小企业共同参与到现代学徒制中的一条值得推广的有效路径。

随着现代学徒制在社会经济中发挥的作用愈加明显，党和国家对职业教育的重视程度日益加深，加之我国高等教育体系中职业教育学历无学位的尴尬处境长期存在，因此不断完善我国的高等教育体系，让接受职业教育的学生同样取得合适的学位，激发他们学习的积极性，同时实现从职业教育、中专到本科研究生的融通，就成为摆在面前的时代课题。而现代学徒制的发展，无疑为新建本科院校应用型转型的试点实验和上述窘况的缓解指出一条崭新的道路，那么实现学徒制学历证书和职业资格证书"双证并行"就指日可待。

早在2014年，国家相关部门对职业教育的发展提出了新的思路和发展路径，中国职业技术教育学会相关负责人在未来职业教育的六大变革中提道：未来十年，一个较为完善合理的现代职业教育体系将在中国建立起来，到那时，将焕发起全部的职业教育的生命力和活力；在教育质量上，职业教育本身也将呈现出深刻而又根本性的变化特征；职业教育将同时促进更加平衡的发展……，未来国家层面上的考试制度必将面临着深刻的变化格局，文化考试将不再和技能的考核相割裂，而是被紧紧结合到一起，共同作为考核的标准，学历和资格证书双证制度也必将在国内实现更大范围层次的实行应用。

四川省教育厅在2014年的9月就联合省内6个部门发布了纲领性的职业教育指导意见，《四川省现代职业教育体系建设规划（2014—2020）》，该意见提出，四川省将建构起系统的人才培养体系，要实现从较为基础的中职专科到过渡阶段的本科直至专业学位的研究生阶段的有机衔接及沟通，到2020年，初步形成两个分类体系即应用技术性本科人才培养体系与高等学校分类体系。另外，还要实施和建成学历（学位）证与职业（技能）资格证相适应对照的完整框架。这样一来，从职业院校出来的毕业生借助于手中的毕业证书就能够完成有关职业技能的鉴定考核；技能技术人才也可以用自己取得的职业资格证书完成对学历（学位）的考评认证，以这种方式清晰证明已获得的学分。除此之外的创新之处还在于学分互认的推行，即一般教育院校和职业院校之间施行互认学分的方式举措，这样就搭建起普通学校和职业院校的平台。一方面，学生们可以以考试的方式在前两者之间完成转学与升学的愿望；另一方面，职业院校的学生也被纳入普通学校的招生计划中，多方受益。

几乎是相同的时间段，辽宁省也出台了《辽宁省人民政府关于加快发展现代职业教育的意见》，针对辽宁省的现实状况，将技能型人才培养纳入到意见当中，同时与四川省出台的规划也存在相类似的意见规划，例如：鼓励和支持本科高校吸纳职业教育；全面推进"双证书"制度；推行学分转化与积累相关制度等。由此可见，现代职业教育与本科院校的融合成为必然的趋势。

而在2015年由教育部、国家发改委、财政部三部委联合刊发的《关于引导部分地方普通本科高校向应用型转变的指导意见》也专门对不同教育层次之间的衔接机制作了明确规定，特别是对职业教育进行了专门的具体内容设定，将之提升到了国家战略层次。意见还专门指出，对于那些有一定基础和现实条件的学校，要有计划地实现在职技术与技能人员招收比例的不断提升，寻找一条教育和就业的"旋转门"的模式，主要是为技术人才的职业发展提供有效的方式。在条件允许的情况下，可以招收更多的中职生和专科生。按照一定教学方式和学分制制造更多的人才培养模式范式，要求兴趣面要广泛，尤其是学习知识的来源：知识技能的提升和培养方向的广泛性。

由此可见，实现高等教育的学历整合是大势所趋，必将有力推动高等教育发展。现代学徒制的试点和推广，适应了中国现实发展的需要，有其存在的合理性和必然性。因此，学历的整合需要现代学徒制的"配合"，同时又反过来促进现代学徒制发展，两者相互作用，密不可分。我们要在借鉴发达国家经验基础上，努力打造有中国特色的适应中国高等教育发展的现代学徒制体系。

三、搭建企业为主，企校合作的平台

新的职业教育体系主要是将传统的教学方式和现代学校相融合，是

一种全新的模式。对于传统的教学方式而言，通常是理论教学或者实践与课堂相分离，基于这种传统的模式之上，重新建立了现代学徒制。通过学校与企业的深度合作、教师与行业一线师傅的联合教学、课堂与工作实践，提出了现代职业教育专业人才培养模式。现代学徒制的建立主要依靠提高三大需要，即"职业技能的提高、地方经济发展和职业教育体系的完善"。现代学徒制生产是深化学校与企业合作、工学结合的重要途径。全面提高技能型人才素质，高度整合校园文化和企业内涵是重要途径。

高等职业教育的优势有学校和企事业单位合作、工作和学习结合的现代学徒制，以上这些方式都是现代学徒制人才模式运行的重要步骤和形式。结合校企合作、工学一体、符合法律文化基础的职业技术人才，企业需要明确职责，双方共同制定人才培养计划，共同的专业课程建设、教学情境设计等共同实施。前两年在学校学习主要专业理论知识，其间主要由学校教师担任主讲人，第三年的上半年进入企业实践操作，主要由企业派技术高超、懂业务、精知识的专业人才带实践学生，也就是说以师傅带徒弟的方式进行，这样才能真正实现校企合作"一体化"育人。学校和企业的综合实力的提高主要依靠高职院校人才培养方式和企业生产方式相结合的培训，这样既能保证学生的专业水准，还能增强企业和学校的经费投入。

知识经济时代的国外校企合作发展模式越来越多样化，国际竞争日趋激烈，各国越来越重视人才的培养，人才培养的一项重要战略是校企合作。国内的相关培育机制中，以下几种是最典型的模式。

（一）模式一：松散型合作

松散型合作主要是基于校企合作的职业技能人才培养模式，选择具体的合作单位各自的优点，目的是使学生能更好地满足企业发展的需要，合作的主要任务是让学生有较强的实践能力，提高创新能力。具体的合作形式有：校企合作、联合培训、轮换制、员工培训和继续教育、校企合作实习基地。企业与学校相互渗透，相得益彰。但是，水平不高，企业与学校之间的合作比较松散。

（二）模式二：紧密型合作

紧密型合作主要是指教育教学方面、科研项目及活动方面、生产发展方面，三方面融合合作模式，这种紧密合作的模式是促进区域经济加快发展的有效方法之一，实现对企业资源的优势互补，逐步向规模化、集团化方向的发展。

目前，对企业和学校之间的合作在中国人才选拔模式创新可以促进招生和分配制度的相应变革，企业之间的深度合作是一个重要的策略。学校和企业合作相辅相成，共同发展，学生到企业学真本领，获取真经验，企业通过当代新生力量获得创新，充实人才，实现"校企合作"的真正含义，让学生到企业实践体验，让企业了解学生掌握的技能。因此，我们应不断探索与中国的国情相适应的高等院校的人才培养模式。

（三）模式三：行业（企业）办学模式

一般意义上可以理解为行业或者说是企业自行创办学校或通过政府主要管理学校，此类学校多为高职高专技能型院校。这样，就可以解决高校与企业合作中的障碍，为时代的发展和企业的需要培养更多的优秀人才。此类模式也适用于新建本科院校向应用型转型的探索。

（四）模式四：校企股份合作模式

此类合作模式一般指的是学校法人为独立法人，学校与企业或者行业通过股份制互相协作的模式。不管是国内企业还是国外企业，无论是国有企业还是独资企业，都可以实施这种合作模式。这种模式可以使企业更好地参与到学校中来。

（五）模式五：建立紧密型合作基地模式

依托企业作为主要支撑，建立紧密合作的培训基地，作为载体，实现学校与企业之间的广泛深入合作，实现双方共赢。如果基地在学校，那么企业可以选送相关技术人员，并提供一些培训学校使用的设备，从大学的一面，能够拥有更多的高技能人才到向大学生传授实战经验，兼职老师的同时可以将项目带进教学中，通过实践促进企业生产，更好地把握生产情况。

理论充足的教师也可以到企业对员工进行理论培训，将实践经验进行总结探讨升华；在以企业为背景的实践基地中，不妨让学生更加客观地、面对面地参与到创作实践中去，不仅可以熟悉创作流程，还可以了解相关企业文化，掌握企业相关业务规则。这样做不但能够缓解学校设备缺乏的问题，还可以将企业高技能人员的实践技巧传授给学生，大大地提高学校整体的教学水平和教学质量。

因此，与实践基地密切合作还可以为学生提供大量的就业岗位，使学生在学校阶段就可以了解就业信息，同时认清自己适合的就业岗位，同时也提高就业率。所以院校与行业或企业合作办学，还可以增强学生的社会服务意识，使学生不是只会死读书，读死书，还可将自己所学的知识运用到实际操作中去，锻炼了自己的综合素质，更及早地进入社会，面向社会，学会为人处世，学会做人做事。这样培养出来的人才可以更早地为社会做贡献，达到企业的需求，增强社会及工作岗位对学生的认可程度，而且在校期间就可以将学历与职业技能证书都拿到手，进入企业后也大大地提高了员工的素质，实现了学校与企业双赢的效果。

（六）模式六：举办专业技能大赛模式

一般此类专业技能型的比赛主要是对技术、技能、专业进行比拼，一般企业牵头，结合自身行业技能的需求，学校鼓励学生参加的一种比赛。这类大赛旨在对学生技能的提高，加深学生对专业知识的认识，有利于学生实践和理论相结合。同时，企业可以利用这种大型正规的竞争来挖掘新人才，培养专业人才。根据数据统计，此类专业技能的比赛在我国技术技能型高校逐渐盛行，但在普通高校中并没有大量普及。为此，应认真讨论和大力发展高校与企业的合作模式。此外，加强对企业技能更新的了解，促进学校教学知识的更新，不断进行交流，才能将社会需求更好地加深到高校的人才培养中去，为学生进入社会创造良好的基础。这也是值得高等教育对发展探索的一个重要方面。在举办专业技能大赛时，要与学生的就业需求有效衔接，根据他们对岗位的实际需求安排比赛项目。最佳的方案是企业参与到每一个比赛项目当中，提供相应的资金支持，或对表现优秀的学校奖励一些先进的设备软件，或对大赛中宣发出来的人才进行破格聘用等。此外，学校可以联合企业举办相关的比赛，要求企业根据实际需求打造竞赛题目，将社会、企业中的核心竞争力作为比赛内容，提前锻炼学生，提高他们的实践及应用能力，培养学生的竞争精神；还可以利用社会资源、行业和企业聘请专家为高校兼职教师教他们丰富的工作经验和实践知识和新思想的学生，直接参与职业培训的过程，共同完成院校人才培养的目标。

综上，校企合作是新建本科院校现代学徒制的发展的有效途径。国内外形成的院校模式，也为实际运用提供了参考模式和范本。唯有结合现实需要，总结经验，才能推动现代学徒制在新建本科院校更加平稳运行。

第二节 构建日臻完善的现代学徒制内部发展元素

马克思主义哲学中对事物发展的"内因"这一概念作出明确解释。内因是事物变化发展的内在根据，指一事物内部矛盾对立双方的相互作用和斗争。任何事物存在的基础都是由事物的内因所引起，它是区分与其他事物的内涵，也奠定了事物发展的根本趋向。因此，内因对事物的发展起着不可替代的作用。因此，在日常生活和工作中，我们都应首先厘清事物发展的内部因素，同时认真分析问题出现的内部因素究竟是什么，并积极寻找应对之法，对于有利于事物发展的内部元素，我们应发扬推广，最终通过内部发展元素的合理化和完善化，推动事物的有序发展。

就我国新建本科院校现代学徒制的试点推行而言，法规制度、政策的支持等外部元素十分重要，但最应该重视的却是现代学徒制发展的内部元素。我国新建本科院校大部分尚处于现代学徒制的试点和推广阶段，存在着很多问题亟待解决。严峻的现实催促着教育者尤其是关心高等教育的人以及高等教育改革者需要尽快采取措施，紧抓现代学徒制试点推广的内部元素，不仅为其发展扫清障碍，同时加速其自身变革进程。

本节从新建本科院校的内部元素分析我国新建本科院校现代学徒制的未来之路。主要从考核标准，"双师型"教师、人才的培养和课程改革等小的层次进行分析，以期为现代学徒制的发展提供可借鉴之法。

一、强化内部考核标准，完善"双师型"教师评价办法

由于新建本科院校现代学徒制的发展仍处于试点和推广阶段，起步时间短暂，因此，很多参与试点的单位更多处于摸索或者观察观望阶段。在实际运行的过程中，企业或行业内参与度不高，学徒制岗位贫乏是现代学徒制发展受到阻碍、受到限制的至关重要的因素。现代学徒制的出

现，是对人才培养模式的重大创新和变革。而在试点过程中，常常出现"学校热情积极施行，企业不温不火地参与"的尴尬境况，要想让尴尬尽快得到缓解，从内部因素来说，就是企业和学校自身都应转变思想，努力寻求新思路和方法，从而实现大的发展和变革。

就学校层面而言，学校与企业或行业联合举办现代学徒相关制度，学校根据企业的需求制订人才培养方案，制订专业教学要求，但不可否认这就需要学校在用人体制、考核方式以及评价体系等方面进行新的改变，从而让实际操作更容易。在用人体制方面，学校应打破传统的用人方式方法，多渠道多途径选拔师资人才，加大对"双师双能型"教师队伍的培养和任用力度，实现人尽其才。在考核体系方面，由于目前我国新建本科院校的现代学徒制试点运行仍处于探索阶段，还存在着诸多不完善的地方，这样的现状不仅对学校自身推行学徒制不利，更成为影响校企间深入合作的阻碍因素。但一个合理规范完整的内部考核体系的运行，则能在一定程度上缓解这一现状。一个完整的内部考核体系的制定，不是一朝一夕就能完成，更需要集体的智慧和结晶。应该从各个院校实际出发，结合现代学徒制的运行现状，综合制定一整套考核体系。该体系不但应该包括教师教学水平的考核，对教师学习程度的提高、管理人员的考核甚至是对学生（学徒）也应该专门建立一整套统一的合适的考核标准，从而推动内部考核体系的强化和完善。在细则的规划上，也应该具体透明，内容应该全面、清楚并且具有融合时代和现实发展的背景。例如可以结合"供给侧"改革这一新提法，将学生对教师的考核作为教师考核的重要考虑因素等。

就企业层面而言，现代学徒制参与的企业应改变思路思想，建立一整套统一的适应学徒发展需要的考核体系，从而让"师傅"真正发挥带动作用，实现现代学徒制意义上的"师带徒"。这也从根本上对企业"师傅"的质量以及对"师傅"的管理提出了一个更加严格的要求。因此，强化企业内部的考核，尤其是对"师傅"综合素质的不间断考核，对现代学徒制的推广具有深远意义。

同时，制定严格规范的标准对正在试点现代学徒制的企业和学校来说都具有重要意义。与学徒制企业及时做好相关方面的沟通，专门制定针对学徒制任课教师和学生（学徒）的规范标准，是关系现代学徒制发展的重要一环，应该予以重视。尽快实现标准制定上，以统一为桥梁，以学生为中心，以校企间的共同需求和利益为侧重点。

然而，为了获取针对"双师型"教师良好的评价效果，激励教师专业知识专业素养的快速发展，完善双师型的评价方法，需要在评价的认定前和认定后两个阶段都做出一套完善的评价方法，确定科学的评价原则。

首先，建立网络化数据平台。由于"双师型"教师不仅在教学知识素养上需要高素质，在实际操作上也需要高水平，这在评价中就存在了大量动态性和是否连续性的评价，相关数据量相当大，学校教学与企业教学关联性强，原来的教师评价方法和传统方式已经难以获得准确的评价数据，同时也会增加了管理者的工作强度。利用网络数据采集、处理、传输和存储，在6个方面具有明显的优势：一是评估教师主体的多样化，比如企业所在的相关人员、学校或企业的相关管理者，所受教的学生，同门课程教学的教师，甚至于教师本人均属于评估双师型教师的主体人员；二是提高数据处理的效率，增强时效性；三是减少干扰和人为错误，提高原始数据的精度一致性；四是数据便于保存，管理方式可以相对动态化；五是能够及时反馈数据，能够及时反馈给相应的教师，认识到学生所需或自身的问题，实时地进行改进，促进自身发展，也提高学校的教学质量；六是能够使领导者更加全面地了解师资力量，有效地统筹师资结构，建设师资队伍。

其次，建立专门评价机构。"双师型"教师评价工作不是普通教师常规的教学督导工作或教务人事管理工作，它不仅需要结合相应的技术技能水平、教学水平，还要结合社会认可、学生接受能力，或人力资源管理多方面的综合能力的认定。要想提高人力资源管理的效率和整体的教学水平，建立专门的"双师型"教师评价机构，是十分必要的。评价机构的主要职能是：制定师资队伍建设规划、系统设计目标和基本结构，加快"双师型"教师队伍的形成；建立教师管理制度，不断更新教师知识素养，建立长期的激励政策与约束机制；定期收集和整理教师评价结果，按照评价标准对教师进行认定；帮助教师分析学生的认可程度、教学的效果，协助教师不断制订充电计划，精细化管理教师；对不合格教师提出辞退、转岗或进修的建议。

再次，吸纳企业参与评价。企业是高校毕业生的用户，是对毕业生素质的评价者，也是教师培养和评价过程中的主体。吸收企业员工参与"双师型"评价转换了评价的角度及方式，更加结合社会的发展。传统的院校内部的评价手段，即使由学生打分，管理人员评价也一定程度地反映了教师教学水平和教学效果，但不能有效地控制系统性的误差，系统性的误差、评价结果的准确性和有效性受到很大限制。内部评价手段如果引进企业相关的技术人员或管理层面的专门人员，就会由内部评价转向外部评价，更加专业地、客观地对教学水平进行评判，评价结果也对教师自身发展有很大的帮助。

最后，过程性评价与终结性评价相结合。学校不只是培养学生，也在培养教师。如果学校教务教学部门把重点放在学生的培养上，那么教务或人事管理部门就更注重教师的培训。评价过程是对教师上课效果、知识素养、学生接受知识的程度、技术技能等方面具体考核；终结性评价是对教师的认定和综合性评估。过程性评价为终结性评价提供依据，准备条件；终结性评价则对过程性评价提出要求，加以总结。事实上，过程性评价与终结性评价相辅相成相对而言更具创新性，终结性评价是对下一阶段过程性评价提出一个新的开进方法，是下一阶段的出发点，更是对人才新的考量。

二、完善发展模式，加快向新型学徒制的转变

现代学徒制是一种适应当下社会的人才培养模式，应用于不同国家或不同地区，都会产生不同的特色和形式。因为不同的国家经济发展方式不一样，历史文化底蕴不同，所以产生的效果也不尽相同，但也都为社会培养出了推动社会经济发展，高水平高素质的技术技能型人才。因此，通过对国外成功的"现代学徒制"的人才培养模式进行研究，总结经验和教训，为中国特色的现代学徒制人才培养模式提供了大量的借鉴，引发了更多的思考。《职业教育法》是德国在1969年发布的一项法律，首次在法律上确定了校企合作"双元"的方式对人才进行培养，也在法律上奠定了职业教育的地位。作为校企合作的职业教育体系，该模式具有普遍性和系统性，企业和职业学校的参与度较高。学生在企业主要学习理论知识，接受主要技能的理论教育，所占总学习时间的30%，同时在企业所学习的实践技能，将理论运用到实践中去所占时间为70%，这样共同培养学生的教育方式能够高效地进行专业技能的学习方法，还可以摆脱学习理论的随机性，有效地完善知识体系。这种现代学徒制的人

才培养模式主要体现在"双元制"的培养模式,主要目的是希望能够使学生达到自身创业精神的同时,还能够掌握基本知识和专业实践技能。德国现代学徒制主要特点就是"双元制"的人才培养模式,企业和行业的参与是此类人才培养模式的核心。主要承担教学任务中的实践教育的一部分,是职业教育"双元制"里最核心的"一元",在此类人才培养模式中有着至关重要的作用,是职业教育人才培养模式的规模和质量的重要考量。其次,实现企业人才需求和学生就业需要。现代学徒制支持校企合作,鼓励企业或行业积极参与,鼓励项目进课堂,教学到现场,产学研三位一体相结合,既可以有效地解决学生们的就业问题,也可以使企业能够遴选出适应社会的优秀人才,进一步拉近学习和工作的距离,实现学生从学习到岗位之间的顺利过渡。再次,职业教育和学校普通教育在学生、教学、管理甚至生活的各个层面都可以进行随时沟通,共同发展,共同进步,实现"双元制"模式的现代学徒制的可持续发展。

我国高等教育的模式是学历教育类型,如果真想实现社会生产力质的飞跃,现代学徒制在我国培养模式就要做出改变,以培养专业实践技能为主要目的,充分发挥企业本身资源优势,最大限度地调动企业主体的积极性。另外,突破学历教育层面,扩大到非学历教育领域。必须要突破传统学历教育对于现代学徒制的束缚,给现代学徒制的发展更充分的空间,农民、企业员工、退役军人、兴趣爱好者等都可以参与现代学徒制的培训。

近几年来,人们对企业在技能型人才培养体系中的主体地位有了一定的认识,但实施不到位。这次企业新型学徒制试点文件将其作了清晰的表述,并终篇体现企业为主的精神。一是企业要积极行使自己的权力,试点文件指出,企业在现代学徒制培养过程中有要求可以向政府提交申请给予相应的帮助,企业也要履行自己的义务,承担培训学徒过程中的主要责任。二是培训对象是企业与职工的签约,采取"校企合一、工学结合"的培训模式。三是由企业为主导制定符合岗位要求的培养人才政策、目标和考察标准。文件规定,"学徒的培训由企业和岗位要求相结合,培训对象为中高级技术工人,培训期为1~2年。培训内容主要包括专业知识、操作技能、安全生产标准、业务素质等。企业和培训机构分别承担面向企业和具体的培训任务。在企业培训中,主要通过企业导师的方式,在培训机构进行培训,主要采用工学结合的教学方法。"四是将学徒最终考核方面自主权交给企业,企业了解实际人才需求,了解所需人才技能水准。文件指出,学徒经过培训,考核通过后获得该培训项目资格证书,有利于企业更高效的开展学徒制培训。

企业现代学徒制最大的优点是采取了工学一体化培养模式,为企业的需要和劳动力市场的供应架起了桥梁。在中国经济转型的背景下,制定和实施新的学徒制,不仅有助于解决劳动力供给与市场需求之间的矛盾,也有利于企业直接参与人才培养的全过程。这是缓解"技工荒"现象的有益尝试。随着我国经济的快速发展和产业结构的转型升级,劳动力市场中对技工的需求日渐庞大。有数据显示,中国劳动者数量在世界上数一数二,但技能型人才严重不足,在各个领域中都有所体现。以制造业为例,最近数据显示技术人才缺口已达 400 万人,相对于市场的巨大需求而言,我国中高等技工院校能够提供的用工人数只能说是杯水车薪。目前,有近 3 000 所高等技术院校,在校生 380 多人。由于大学毕业生就业日益困难,技术机构的就业率一直保持在 96% 以上,技工特别是高级技工的工资水平也随之水涨船高,许多工种出现了"高薪难求"的状况。现代学徒制是以企业和学校为主题共建的教育模式,不仅学校学生可以加入,企业员工也可以参与其中。如果用这种培养模式,培养过程就是学习技能的过程,学习技能的过程就是实践操作的过程,做到产学一体,所以,员工和学院都可以从企业获得相应的报酬。时至今日,这种模式已被发达国家广泛采用,并成为其"制造强国"的强大制造业力量。但在我国,由于各种旧观念的阻碍和政府投资的不足,许多技校没有多少学生积极注册报名,社会反响也不积极。为此,此次《工作方案》提出,现代学徒制以培养中高级技师为主要目的,培养时间为 1~2 年。在企业中,培养方式为师傅带徒弟;在学校中,培养方式以老师带学生为主。在此期间,政府向从事现代学徒制的企业提供每人每年 4 000 元至 6 000 元补贴。现代学徒制最大的优势是采用工学一体化培养模式,为企业的需要和劳动力市场的供应架起了桥梁。如果我们可以总结出在现代学徒制试点过程中的经验,困扰我国多年的"熟练工"短缺的现象将大大缓解。

三、创新人才培养模式,深化课程体系改革

现代学徒制打破了传统职业教育的思维定式,是顺应时代发展的新型人才培养模式。企业和学校由政府引导,制定符合当代标准的人才培

养目标，学校和企业的合作作为基础，培养中高级技师为主要任务，产学结合，工学结合，各方积极且全面参与培养过程，根据我国国情和社会生产力的需求，制定中国特色的高精尖技术员工培养模式。通过研究国外学徒制成功的经验，新建本科院校现代学徒制可以进行大胆的变革，制定适合我国人才需求的培养模式。

"现代学徒制"人才培养模式的优势：

其一，对于日益严峻的就业压力是一种有效的缓解，有针对性地培养人才，可以有效地克服严重脱节，在目前的教育教学内容与企业岗位技能存在的缺陷，解决就业结构之间的矛盾，缓解日益严峻的就业压力。

其二，充分有效地利用教育资源，企业降低了用人成本，提高了竞争力，政府出台配套政策，提高学校和企业合作的热情，明确权责和利益分配。现代学徒制培养出的人才可以迅速适应社会岗位，在一定程度上提高工作效率，学校和企业都能因此获益。

加强学校和企业的合作力度，能大大提高现代学徒制培养人才的竞争力，有利于找到适合我国传统教育和劳动方式的平衡点。学校可以根据企业岗位的需求制定课程、教学任务及考核标准，整个培养过程对于学校的核心竞争力也会有显著提高。

高等院校及技校是现代学徒制实施的主体之一，也是这种培养模式最重要的环节之一，因此，要想让现代学徒制发挥出最大的作用，学校要加强自身建设，具体有以下4个方面：① 及时调整办学思路和办学理念，根据自身特色和专业优势，尽快找出最符合自身情况的现代学徒制的培养模式。② 重点加强"双师型"教师队伍的建设，为了保障"现代学徒制"人才培养模式改革的顺利进行，必须重构现有教师队伍，根据学院的特点和条件，规划、系统发展青年教师的业务实践。③ 加大校企合作力度，企业的参与可以使现代学徒制培养出的中高级技术人才更符合社会生产的需求。④ 以人为本、以学生为本，现代学徒制的本质还是提高学徒专业技能，加大宣传力度，激发学生参与热情。

第三节 塑造现代学徒制中的新"工匠精神"

中国要想从"制造大国"蜕变为"制造强国"，势必要经历一个漫长的过程。在国家政策支持下，新型企业如雨后春笋般出现，每一个企业中，都离不开能工巧匠提供的技术支持。

人类历史发展到今天，每一项神奇伟大的工程背后都离不开能工巧匠的身影，他们的能力体现在各行各业中，集结了勤劳灵活的双手、精益求精的精神和人类的聪明智慧。直到今天，工匠精神带给我们的震撼依旧。当今世界经济蓬勃发展，在各行各业中不仅有着高科技技术的支持，更需要有一批拥有高精尖技术的人才，作为社会发展不竭的动力。

中国制造业规模之大无出其右，号称"世界工厂"，但是规模背后隐藏的问题并不少，原因是高水平的制造业缺乏，制造大师缺乏。受到传统学历制教育根深蒂固的影响，用人单位往往会出现方向性失误，重学历轻能力，重结果轻过程，招聘，晋升，工资是唯一的目标。越来越多的人投资的目标发展，而不是制造业，导致中国制造业的水平不高，人们缺乏"工匠精神"。这种思想现在应该被纠正，因其空有其表，华而不实，往往如镜花水月。制造水平才是持续发展的根本，否则一切都是无水之源，设计成了空谈，蓝图成了废纸，实现"制造强国"的目标更是遥遥无期。

工匠文化的承袭和深入发掘是一个漫长的过程，不仅需要好的业务水平和专业技能，还需要有良好的学习态度。积极态度的形成，不是在短的时间内完成的，是一个漫长的过程，需要全社会共同关注。中国各个行业并不缺乏世界顶尖技术人才，但是针对普通产业，高水平技术人才缺口巨大。

"工匠精神"的发扬和传承在新建本科院校中同样发挥着重要的作用。"工匠精神"要从娃娃抓起。新建本科院校现代学徒制的试点和应用，应该切实与"工匠精神"相结合，以精益求精的精神，培养真正具有高技能和高学历的高素质"能工巧匠"。本节包含现代学徒制背景下的"工匠精神"新内涵，"工匠精神"和"供给侧"改革在本科院校的应用以及"供工"合力，共同促进现代学徒制发展三个层次内涵，步步深入，希望从"工匠精神"角度，为新建本科院校现代学徒制的应用提供新思路。

一、现代学徒制"工匠精神"的新内涵

"工匠精神"一词因为出现在政府工作报告中被社会广泛关注，一提

到"工匠精神"人们脑海里浮现最多的应该是一些享誉国内外的手工制品，比如瑞士钟表，中国同样也有着悠久的"匠文化"传统。

何为工匠精神？就是在各个领域都有争取中国第一乃至世界第一的决心，生产者在专业技能和工艺流程上做到精益求精，将每件产品力争做成艺术品，而不仅仅是商品；从大处讲，这种精神体现出了人生态度和社会发展水平。

为何再提工匠精神？众所周知，现如今国内市场竞争存在价格低，质量更低等一系列问题，有些情况下不仅没有满足消费者的需求，还会损害消费者利益，造成不必要的纠纷，这种情况还会引起市场环境恶化，不思进取，难以改革创新。新时代下，随着人们生活条件的改善，对生活品质的追求愈发提高，这是推进供给侧改革的重要机会。

近年来，随着国家一系列公共事业的扶持，"创新"政策出台，许多人走上互联网业务的道路上，如"公共档案空间"和创新平台等都在蓬勃发展。不过，任何事都不是只有好的一面，会有些创业者由于缺乏对市场的了解，急功近利，导致生产品质量无法得到保障，更有的只是玩创新的概念蹭热度。

《中国制造2025》已经开始实施，从制造大国转变为制造强国，企业是主要生产、产品和技术创新的关键环节。"双创"时代更需要工匠精神，青年人要沉心静气，做出真正独特、经得起时间考验的"作品"。政府层面还应出台相关配套政策，建立更多创新的创新失误机制，让勇于创新的人能够承受新的代价。

《尚书·大禹谟》有云："人心惟危，道心惟微；惟精惟一，允执厥中。""精一"哲学就是工匠精神的核心，不仅生产中需要工匠精神，而且社会稳定发展也需要大众都具有一定的工匠精神。

回望过去，工匠所从事的活动也是日常生活的缩影，木匠、铁匠、铜匠、石匠、篾匠等，都是凭借高超的技艺写下中国工匠的古老精神的篇章。随着时代的前进，社会的发展，传统手艺也许显得和当今后工业时代生产力差距巨大，但是工匠精神依旧值得追求。

工匠精神，在个人层面上，是一种严肃的精神和献身精神。其核心是：职业可以挣钱养家糊口，更要对职业树立敬畏之心，执着之心，责任之心。

在当前的人力资源市场环境下，技术人才缺口大，专业人才不足，职业教育发展不振。近年来,中国的职业教育也走在看似快速发展的路上,但是,繁荣背后存在诸多问题,职业教育还没有普遍被社会认可,培养人才质量差距大,培养方式单一等。现代学徒制就是以提高实践能力为出发点,实际上是从根本上调整了职业教育的误区。它不仅注重传授技术,而且在老师傅的指导下,继承了"工匠精神"。而在新建本科院校实行现代学徒制教育教学模式的过程中,也应该融入精益求精的"工匠精神",从而推动其发展,并且更好地推动高等教育体系的系统化、完整化进程。

当然,现代学徒制是一种不同于传统学徒制的苛刻,尤其是在人际关系和工资,他们不是主人的附庸和仆人,也不应成为一个有关雇主或廉价劳动力的主人。为了推进以提高高等教育水平为目标的现代学徒制,必须适应劳动法律法规的要求,共同促进现代学徒制的发展。用现代民主精神净化传统学徒制中的腐朽因素,让现代学徒制帮助学生成长成才。

我国新建本科院校在现代学徒制的探索路径中,应当把"工匠精神"融入教育教学中,尤其是教师和"师傅"的示范引导作用在学生(学徒)身上产生重要影响。因此,争取教学的理论与实践的完美融合,注重每一个细节,有严格和完美的追求,让学生在中国从制造大国向制造强国的转变过程中获得精确指导,以便将来作出贡献。

二、"供给侧"与"工匠精神"在新建本科院校中的应用

古语云:"玉不琢,不成器。"工匠精神不仅体现了精湛制造和精细工艺的理念和追求,而且吸收了最先进的技术,创造了新的成就。

从原始意义上讲,工匠精神是工匠为其产品精心打造、精益求精的精神理念,其目标是创造行业中质量最高的产品,并以质量赢得消费者和业界领袖的信赖。不可否认,中国的制造业目前仍存在一些问题,但科技前沿性不强,整体水平不高,有些产品则是自主创新能力弱,无法适应不断变化的消费需求,这是消费能力外流严重的根本原因。近年来,很多国人排队购买"苹果"新产品,去日本抢购电饭煲、马桶盖,在新西兰抢购奶粉等等。这些不争的事实背后,是我们的产品质量确实存在,产品升级不能满足国内供应的需要,结构不能适应市场需求的变化,我们必须面对面,并加以供给侧结构性改革进行有效解决。

从根本意义上说，供给侧结构性改革是"工匠精神"的体现，顺应经济和市场需求，加大创新力度，打破传统机制体制带来的局限性，提高产品品质和供应效率，从而带动市场在健康向上的、充满活力的道路上前进。

在新的常态经济发展中，加快产业转型升级，改造传统产业，特别是培育和弘扬传统工匠精神。换句话说，培养"工匠精神"，是解决市场供需问题的重中之重。

在当前中国的经济困境面前，只从需求方面突破是非常困难的，供给端的结构性改革，从供应、生产端的"双边"的方法，通过解放生产力提升竞争力，促进经济发展。进一步讲，改革举措目的是将效率低下的落后产能淘汰，大力发展新兴产业和领域。

作为一种专业精神和创作素质，"工匠精神"对从业者的职业生涯是非常重要的。一个具有良好职业素养的从业者可以证明自己的竞争力，在未来的职业生涯中脱颖而出。这种精神的塑造有助于学生产生积极的人生态度，对自身未来发展具有正确的导向作用。

产学研合作创新为学生创业精神的塑造提供了契机。产学研合作通常是指高等学校和企业之间形成的合作关系，这种合作是双向的，通过这种合作可以带动双方潜力和竞争力。在合作过程中，双方都可以充分发挥自身优势和特长，充分利用各自的资源，重点是培养学生实践动手能力，企业的参与可以让学校和学生了解一线技术要求，让学校了解具体的人才培养目标，使学生了解市场行情和行业标准。新建本科院校现代学徒制的试点推广恰巧符合了产学研协同创新的模式，在企业和新建本科院校的合作以及政府的支持下，让"工匠精神"得以更好地传承。

在教育领域中，努力提高教学质量，革新教学方式是首要任务，现代社会飞速发展，获取信息渠道多种多样，信息量巨大，保持与时俱进，才能走进学生内心，才能了解学生需求，才能找到最有效的沟通方法。相比较传统教育方式单一，填鸭式教育培养人才的方式弊端一直存在，如何个性化培养学生作为一个教育难题并没有彻底解决。供给改革的提出，给了教育领域一个新的思路，重点是根据自身实际情况，调整课程、考核方式，结合社会发展的实际需求，制订培养计划。

新建本科院校现代学徒制的实行，顺应了当今"工匠精神"的传承和"供给侧改革"的时代背景。通过灵活的手段和方法，现代学徒制实现学生技能和学历上的双提升，同时"工匠精神"的发扬与传承又反作用于现代学徒制，让师傅和教师在学徒（学生）的指导上更加用心，精益求精，有助于为国家贡献出更多的具备技能和学历的高素质人才。

三、"供工"合力，共促现代学徒制发展

从根本上讲，发展的不竭动力在于群众。拥有专业技能和受过高等教育的人才数量多达1亿人，劳动力更是高达9亿人，这是我们发展过程中最大的资本和优势。想要努力改善服务供给和产品质量，主要应从以下几个方面进行：努力提高消费品质量。加快产品质量标准向国际化标准靠拢，完善产品质量奖惩制度，鼓励企业商品多元化、个性化，在产品中注入工匠精神，提高品质，创造品牌。

工匠精神以精益求精作为基本出发点，培养工匠精神是一个相对漫长的过程，所以需要配套一定的奖励政策，如定期举办专业技能比拼等。中国是工匠精神的发源地，并且历史悠久。早在公元前400多年，出身于世代工匠家庭的鲁班，就从生产劳动中逐渐掌握了生产劳动的技能，积累了丰富的实践经验，以精益求精的高超技艺和古代劳动人民不竭的智慧，发明创造了很多工具，是工匠精神的代表人物。现如今工匠精神不仅仅体现在土木工程领域，而且要体现在当今社会的各行各业中。

拥有专业技能和受过高等教育的人才数量多达1亿人，劳动力更是高达9亿人，这是我们发展过程中最大的资本和优势。如果工匠精神注入每个人的血液中，必然会大大提高产品品质，就不会存在不合格、卖不出去的劣质品。如何让接受过高等教育的学生更好地顺应市场需求，缓解就业压力，现代学徒制成为一种合适的解决路径。而"工匠精神"的传承和发扬，则更加能推动现代学徒制试点的顺利进行，要传承工匠精神就要从以下几个方面着手。

1. 要全面提倡"勤劳"为理念的人生观、价值观取向

捷径是每个人都向往的路线，但不是每条捷径都是正确的道路，走捷径获得一时的成功或者利益使得一些人动起了歪脑筋，使得社会上出现了很多假冒伪劣、高仿等劣质产品，大大降低了市场信誉度，也带来了很多经济上的纠纷。事实证明，踏踏实实，一步一个脚印，提高工艺

和产品质量，才是工匠之路，才是长久之路。

2. 加大职业技能培养投入

不仅高职院校要加大投入，各级地方政府要设立专项资金，鼓励拔尖人才技能培训班"学徒"，给予一定的财政支持，确保投入培训资金能带来实效，要杜绝培训走过场、走形式，让技能培训在社会上形成良好风气。

3. 落实现有产品提升行动

产品创新需要工匠精神，需要集中思想，反复试验，但技术人员需要思想动力，所以要有目标。政府要积极履行自己的责任和义务，督促各项考核奖惩制度的实施，将考核项目细分，提高各方积极性，加大资金和配套设施的投入，全力推动发展。

4. 选择适当的时间举行专业技能比拼

根据生产环境和所需技能的差异，可举行特色技能大赛，从比赛中激发专业技能进步热情，对于专业技能突出的个体和组织，加大奖励政策。这种专业比拼一旦形成氛围，比赛范围逐步扩大，参与群体逐步增加，必然会加快我国成为"技术大国"的进程。

以工匠精神作为精神基础，必然会大大增加国家生产力。这种精神体现了生产者兢兢业业、精益求精的工作态度和人生理念。进一步讲，不仅是在生产领域的生产者，在社会各个领域中，都需要工匠精神作为精神支柱，一定会加速整个社会发展。

把供给侧改革应用于教育领域，需要在以下3个方面进行：

首先，要努力解决要高质量教育资源需求增长与供给不足之间的矛盾。如今，教育资源的失衡长期以来就是人民群众关注的焦点和影响我国教育公平性的重要因素。很多家长为了孩子能得到更好的教育环境，不惜投入重金，一些地区教育差距越来越大。

现代学徒制在新建本科学徒制的试点应该学习职业教育的经验，采取小班制教学模式，这样能够提升教学质量，提升学生和教师参与的积极性，缓解供需不足的矛盾。

其次，目前教师队伍以"60后""70后""80后"为主，多数教师和学生的年龄差距继续拉大，造成"代沟"在所难免。如何和现如今的大学生进行良性沟通,如何更加有效地开展教育教学工作,已经成为当务之急。从"供给侧"这个方向来说,现如今的教育者要与时俱进,顺应这个科技飞速发展的社会,从教育手段、教育方式方法,到沟通方式、沟通语言词汇,都要跟上时代的步伐。掌握有效的沟通技巧,才能走进学生内心,了解其真实想法,才能更直接地解决问题。在现代学徒制的试点实行中,新建本科院校和学徒制企业更应该以学生为中心和重点,切实做到将学生的利益放在教育教学的首位,从而推动现代学徒制试点实行中的"供给侧"改革。

最后,还要考虑到教师物质生活与文化生活的现实性和扩大供给的现实性之间的矛盾。随着社会的不断发展和飞速进步,人民的物质生活水平稳步提高,教师队伍的收入也有大幅度增长,"穷酸先生"的教师形象早已不复存在。但是,由于各地区经济发展水平的不同,行业收入差距巨大,有一部分教师依然在温饱线上挣扎,与"人人羡慕的职业"标准还相去甚远。因此,从"供给侧"方面进行改革,应考虑各地区教育工作者的实际情况,提高教师待遇和福利水平,让教师能够安安心心在教育工作的岗位上奉献自己。在现代学徒制的运行中,学校和企业应该切实提高学徒制教师和"师傅"的工资待遇等,给予这部分教师充分的关注和关怀,切实关心他们的实际利益,从而提高教师参与现代学徒制的积极性和创造性。

第四节 现代学徒制在新建本科院校应用的反思与启示

100年前,教育家黄炎培提出,教育最大的问题是受过教育的人不知道自己能做什么。

学徒制的出现,则让这个问题似乎有了一个答案,尤其是伴随时代的进步和发展,衍生出的现代学徒制和中国近几年新提出的新型学徒制,让这个问题的答案日渐明晰。

学徒制作为一种职业教育形式,为社会培养了大量技能型人才,这种教育形式也经历了相对坎坷的发展历程。随着工业革命拉开序幕,生产方式从根本上发生了巨大的改变,学徒制一度无人问津,处于即将被社会遗忘的尴尬境地。"双元制"对德国社会的发展做出了巨大的贡献,学徒制又一次回到人们的视线中,同时人们开始思考符合自身情况的、具有本地特色的学徒制度。现代学徒制应运而生,这是突出学校和企业单位合作的新的教育形式,不仅结合了传统的教育模式,而且加入了新时代特点,为世界各国高素质技能型人才的培养找到了新的出路。

我国的艺徒制度与西方国家的学徒制从本质上说并没有很大的区别,但西方学徒制的发展显然优先于我国。以职业教育为源头,我国的学徒制发展目前仍处于半摸索阶段,大多数职业院校的现代学徒尚处于试点推行中。此外,由于近年来国家政策的大力支持,职业院校自身的快速发展一改传统形象,未来可逐步实现资格证书和学历证书的"双丰收"。与此同时,我国的新建本科院校正处于应用型转型发展关键时期,现代学徒制的推行就成为大势所趋。因此,在此阶段新建本科院校现代学徒制的实施还处在试验阶段,面临了很多问题、困难和挑战,不过,我们始终坚信现代学徒制的未来发展一片光明。

本节从新建本科院校现代学徒制在我国运行试点的现实状况出发,分别从 3 个方面进行分析:对现代学徒制的再认识,对现代学徒制应用的反思和启示,以及对现代学徒制前进展望。力图在总结经验的基础上,寻找新的现代学徒制发展路径。

一、对现代学徒制理论的再认识

与传统学徒制相比,现代学徒制的优势主要体现在:它拓展了传统学徒制度的适用范围,不论男女,不论职业,都有资格参与其中。对于国家资格框架是一种细化,打破了传统学徒制对于人才选择的局限性。这就意味着有很多具有特殊专业技能的年轻人会获得更多就业机会。现代学徒制比较传统学徒制最大的优势在于:"企业"作为主体,使现代学徒制实践性进一步加强,避免了传统学校作为单一的教育场所可能会导致的偏重理论轻实践带来的弊端,能培养出迅速适应实际工作、适应社会的全能型人才。这些都是中国现代学徒制快速发展的重要原因和动力。现代学徒制在国际上获得了广泛认可,具有澳洲特色的"新学徒制"以及具有美国风格的"合作教育",都是衍生于现代学徒制。从海外到国内,从沿海到内地,从北到南,现代学徒制的发展几乎遍布世界各地,显示出巨大的生命力。

20世纪20年代初，中国开始反思当前的职业教育现状，随着现代学徒制的提出，各地都已着手大力推动现代学徒制在职业教育学校中的融合。在实施的过程中，各方都意识到现代学徒制在学校和企业强强联合及国家政策扶持下，成功实施会充分保障各方利益。我国在2011年提出"现代学徒制"，主要目的就是培养满足企业需要的高精尖技术型人才，这个探索阶段并不是一帆风顺的，各个主体都存在自己的担忧和迷茫。之后，随着现代学徒制的不断发展，"新型学徒制"在我国应运而生，更加适应现实需要，也推动了它自身的变革创新进程。

研究国外比较成熟的学徒制，其实可以带给我们很多经验。德国的职业教育为第二次世界大战后德国社会发展提供了重要的支持。行业员工具备了更强的职业技能，满足了现代企业对生产者各方面能力的要求，进一步提高了就业率。

德国的"双元制"职业教育模式成功的经验对于我国的现代学徒制具有很多启示。然而，我们不能照抄照搬德国的"二元制"职业教育模式，我们必须从中国的国情出发，依靠政府的力量，在政府、学校、学生、企业和行业的协同努力下，做好新建本科院校的现代学徒制的探索与尝试，努力形成中国特色的现代学徒制。

现今我国学徒制正朝着系统化、专业化和规范化方向发展。随着试点和推广范围的扩大，我国现代学徒制的发展正逐步形成自己的特色范式，开始具有自身特点。

首先，就是政府规范。现行阶段，中国现代学徒制的发展离不开政府的支持，加大资金扶持，给各方提供物质保障，不仅要制定各项行业规范，也要做好各方主体的沟通与协调工作，促进现代学徒制在健康、稳定、有序的环境下发展。

其次，在于"双证书"的推行。现代学徒制的成功实施得益于现代社会对应用型人才的需求，更离不开校企合作这种联合培养模式，避免了学校培养的单一性。接下来，应更进一步促进社会对于职业技能证书的认可，推行"双证书"制度，让学生走入社会时可以熟练掌握两项以上专业技术。

任何事物发展都需要经历一个相对漫长复杂的过程。道路是曲折的，但前途是光明的，在实践中人们不断提升自己的认识，同时又反过来指导实践。现代学徒制的发展也是如此。现代学徒制是时代发展的产物。

我国的现代学徒制在新建本科院校试点和推广过程中，应该顺应新时期发展趋势而有所作为，积极主动适应变化，作出合适的调整和变革，从而真正建成中国特色的高等教育现代学徒制体系。

二、现代学徒制在新建本科院校中的反思与启示

现代学徒制在我国的发展时间短，与西方发达国家比较，相对滞后，因此我们应该从以往的实践中总结汲取经验教训，同时学习发达国家的做法，从而实现现代学徒制的新发展。这里主要从以下几个方面进行总结和反思，以期得到新的启示和启发。

首先，政府主导下的制度建设和组织管理。就现代学徒制制度建设方面，通过研究发现，所有的成功实行了现代学徒制的国家都会在资金扶持、税收政策等方面给予企业一定的支持，把学校教育和学徒制一碗水端平，放在同样重要的位置上，借此鼓励和吸引年轻人的加入。根据国外先进经验，英国自 2008 年之后，成立了专门的组织机构负责服务和管理现代学徒制的组织机构。我们可以参考英国的先进经验，结合本国国情，制定出符合中国地方特色的管理制度。

其次，根据市场的需求，联合各行各业的力量。例如澳大利亚，它是根据市场的需要、收入的高低和就业率，对急缺的职业岗位培训重点扶持，加大资金投入。学徒结业后工作收入和水平的高低直接和该培训机构获得资助挂钩，对支持学徒制的企业在税收上给予优惠政策。以上可以看出，如果单纯靠一方力量发展学徒制是远远不够的，需要各方联动。因为现代学徒制服务的行业不仅仅局限在制造业，我们还是应该以学校和企业作为主体，顺应市场环境的需要，培养符合行业标准的应用型人才。随着现代学徒制步入正轨，各方都会受益，学校获得了生源，企业获得了高水平技工，生产者获得了岗位。"新兴学徒制"这一新提法，令企业成为主体，学校转换为从属地位，同时政府从旁支持。它遵循了岗位劳动养成的基本规律，构建了政府引导、企业为主、院校配合的多方联动机制。

与此同时，努力搭建多方合作机构和平台。2012 年，英国举办"国家学徒制周"，其间多方沟通协商，相互了解彼此需求，也向社会展示了学徒制的特点和优势，让企业更了解学徒制下培养人才的优势，对学徒

制在英国的发展产生了非常积极的影响。

学徒制的成功在于社会对学徒能力的认可，这种认可是各方积极参与并且支持的结果。这种良性发展不仅需要政府和相关政策的支持，更需要相关平台的沟通机制。让各方聆听彼此的需求，寻求利益共同化和最大化，英国已经率先尝试并取得了非常不错的效果。中国如若可以成功搭建交流平台，企业可以直接提出未来需要人才的类型和所需技能，使培训更具有针对性。

"现代学徒制"能否在中国成功实施，取决于政府制定的政策，更需要社会各方力量的鼎力支持，还需要吸取和反思国外学徒制改革的先进经验，更应该明确自身优势和劣势，争取制定出中国特色的现代学徒制。

现在我国的新建本科院校正处于应用型转型的关键时期，对现代学徒制的试点推广又有了新的思路和指导方向，同时"工匠精神""供给侧改革"也为现代学徒制的发展注入了新的活力和机遇。我们更应该把握时机，抓住机遇，积极有效地推动现代学徒制模式平稳有序地开展下去。

三、现代学徒制未来发展的前景展望

到目前为止，我国是世界上少数没有建立现代学徒制度的国家，从全球化的角度分析，学徒制度一直伴随着人类社会和文明的发展，只是时间和形式上有所区别。瑞士最早提出了新型学徒制的概念，德国将其发展成了"双元制"，奥地利、丹麦等欧洲国家也拥有符合自己国家实际情况的学徒制度。尤其是瑞士，实行的"参与式管理"改革，取得了非常积极的效果。澳大利亚也已经建立了现代学徒制，积极重视，已将这种教育模式当作强国之路。

中国拥有历史悠久的学徒制历史，传统的学徒制取得过辉煌的成就。如今，传统的学徒制逐渐淡出人们的视线，现代学徒制正昂首走来，相比传统学徒制，现代学徒制时代化、规范化、功能化、立体化、多元化，能准确地为社会生产输送高精尖技术人才。

总之，新建本科院校现代学徒制的发展还有很长的路要走。在这个过程中，必将会遇到前进道路上未知和已知的困难，唯有正视困难，积极应对，不断突破创新，才能实现更大更好发展。

参考文献

[1] 王川. 西方近代职业教育史稿[M]. 广东：广东教育出版社，2011：73-76.

[2] 陈俊峰. 现代学徒制影响下的学院制：英国大学新闻教育研究[M]. 湖北：华中师范大学出版社，2014：54-58.

[3] 石伟平，关晶. 西方学徒制研究—兼论对我国职业教育的借鉴[D]. 上海：华东师范大学，2010：1-30.

[4] 郑新悦. 中国古代艺徒制与英国现代学徒制的比较研究[D]. 湖南师范大学：2012：10-15.

[5] 刘涛. "学徒制"的现代价值及其实现之研究[D]. 苏州大学，2011.

[6] 冯科，姚莹. "现代学徒制"国内外现状研究[J]. 商，2015（44）：72-73.

[7] 鲁丽彬. 职业教育中现代学徒制应用的意义和作用[J]. 当代教育实践与教学研究，2015（28）：127-128.

[8] 丁怀青. 实施现代学徒制的必要性分析[J]. 工业技术与职业教育，2015（1）：83-84.

[9] 颜磊，唐天艳，陈明昆. 现代学徒制研究的回顾与反思[J]. 教育与职业，2015（12）：10-13.

[10] 冯克江. 关于现代学徒制研究文献综述[J]. 辽宁高职学报，2014（8）：15.

[11] 谢俊华. 高职院校现代学徒制人才培养模式探讨[J]. 职教论坛，2013（16）：24.

[12] 谭家兴. 现代学徒制的内涵与要素分析[J]. 长江工程职业技术学院学报，2015，32（4）：47-48.

[13] 杜广平. 我国现代学徒制内涵解析和制度分析[J]. 中国职业技术教育，2014（30）：89.

[14] 芮小兰. 传统学徒制与现代学徒制的比较研究[J]. 消费导刊, 2008（2）: 216.

[15] 关晶, 石伟平. 西方现代学徒制的特征及启示[J]. 职业技术教育, 2011（31）: 81-83.

[16] 张可然. 中国传统学徒制对现代学徒制发展的启示[J]. 高教学刊, 2015（24）: 169.

[17] 伍百军, 郭盛晖. 现代学徒制对我国高职教育人才培养模式的启示[J]. 南方职业教育学刊, 2014, 4（3）: 4-5.

[18] 赵志群, 陈俊兰. 现代学徒制建设——现代职业教育制度的重要补充[J]. 北京社会科学, 2014（1）: 28-30

[19] 王琳. 论现代学徒制对高职院校转型发展的影响[J]. 中国人力资源开发, 2014（23）: 6-9.

[20] 赵健. 默会知识、内隐学习与学习的组织[J]. 全球教育展望, 2003, 32（9）: 41-45.

[21] 王帅. 默会知识理论及其教育意蕴[J]. 高等函授学报, 2006, 19（2）: 22-25.

[22] 董仁忠. 关于职业院校默会知识若干问题的探讨[J]. 职教通讯, 2006（4）: 69-73.

[23] 胡凯, 胡文鹏. 现代学徒制模式中师徒之间默会知识的传递研究[J]. 科教刊, 2016（1）.

[24] 孙佳鹏, 石伟平. 现代学徒制：破解职业教育校企合作难题的良药[J]. 教育科学文摘, 2014（6）: 102-103.

[25] 伍百军, 郭盛晖. 现代学徒制对我国高职教育人才培养模式的启示[J]. 南方职业教育学刊, 2014（3）: 1-6.

[26] 高玉芝, 王国权. 基于校企利益共同体基础上的现代学徒制探索与实践[J]. 北华航天工业学院学报, 2015（6）.

[27] 汤霓, 王亚南. 我国现代学徒制实施的或然症结与路径选择[J]. 教育科学, 2015, 31（5）: 85-90.

[28] 王平. 新中国成立以来我国学徒制政策的演变、问题与调适[J]. 教育与职业, 2015（22）: 13-17.

[29] 王志伟. 高职商科专业现代学徒制人才培养路径探索[J]. 职业技术教育, 2014（23）: 10-22.

[30] 莫丽娟. 机遇与挑战：高职院校现代学徒制试点该往何处去[J]. 重庆高教研究, 2015, 3（5）: 94-99.

[31] 姜汉荣. 推进现代学徒制试点的瓶颈和破解策略[J]. 福建教育, 2015（9）: 38-39.

[32] 杜启平, 熊霞. 高等职业教育实施现代学徒制的瓶颈与对策[J]. 高教探索, 2015（3）: 74-77.

[33] 赵岩荆. 现代学徒制应用于我国职业教育所存在的问题与对策[J]. 教育教学论坛, 2015（50）: 239-241.

[34] 李梦玲. 中西现代学徒制比较研究——基于政府职责视角[J]. 职业技术教育, 2015, 36（7）: 29-34.

[35] 王星. 技能形成的社会建构——德国学徒制现代化转型的社会学分析[J]. 社会, 2015（1）: 184-205.

[36] 梁小红. 现代学徒制培养模式的价值与实现[J]. 长春工业大学学报（高教研究版）, 2014, 35（4）: 24.

[37] 莫丽娟. 机遇与挑战：高职院校现代学徒制试点该往何处去[J]. 重庆高教研究, 2015, 3（5）: 95-96.

[38] 张启富. 我国高职教育试行现代学徒制的理论与实践——以浙江工商职业技术学院"带徒工程"为例[J]. 职业技术教育, 2012（11）: 45-58.

[39] 李倩. "现代学徒制"人才培养模式在高职教育中的应用研究[J]. 科技与创新, 2015（23）: 126-127.

[40] 托马斯·霍赫莱特纳. 现代学徒制, 国外什么样？[N]. 光明日报, 2015, 10（15）.

[41] 周红利, 张万兴. 人力资本理论视域的德国现代学徒制研究[J]. 高教探索, 2014（4）: 48-52.

[42] 齐红阳. 从英国现代学徒制看我国职业教育改革[J]. 当代职业教育, 2014（1）.

[43] 吴静, 杜侦. 英国职业教育学徒制变迁及其启示[J]. 职教论坛, 2014（6）: 92-96.

[44] 王晓婉, 张桂春. 美国改善注册学徒制的措施及启示[J]. 继续教育, 2015（19）: 83-87.

[45] 瞿凡. 瑞士职业教育"学徒制"的研究与启示[J]. 柳州职业技术学

院学报，2015（5）：58-61.

[46] 李传伟，王燕妮，董先，等. 企业参与现代学徒制状况分析与驱动力研究[J]. 深圳职业技术学院学报，2015（6）：17-20.

[47] 袁国伟. 现代学徒制与学校教育成本比较分析[J]. 机械职业教育，2015（10）：7-10.

[48] 王蓝. 论现代学徒制视域下的产教融合[J]. 广东技术师范学院学报，2015（10）：49-52.

[49] 周凯，周畅，谢樱，等. 为中国制造培养储备人才[J]. 半月谈，2016（2）：15-17.

[50] 唐利群. 传统师徒相授与现代学徒制融通的湘绣专业人才培养模式探析[J]. 教育教学论坛，2015（50）：179-180.

[51] 李任，刘喻. 我国高等教育应实行"学位文凭"单证制度[J]. 长春工业大学学报：高教研究版，2007（2）：68-70.

[52] 王吉明，王燕妮，李传伟. 基于现代学徒制"4融合"人才培养模式研究[J]. 晋城职业技术学院学报，2015（4）：20-23.

[53] 陆致昇. 现代学徒制与小班化模式关系探讨[J]. 职业教育，2015（11），72-75.

[54] 李奕. 教育改革，"供给侧"是关键[EB/OL].

[55] 范丽娟. 基于现代学徒制的校企合作长效机制研究[J]. 郑州铁路职业技术学院学报，2015（3）：53-54.

[56] 张宗辉. 企业新型学徒制的三大亮点[J]. 中国培训，2015（10）：55.

[57] 张君诚，许明春，曾玲. 新建本科院校的转型发展与应用型课程体系构建[J]. 长春工业大学学报：高教研究版，2014（2）：20-21.

[58] 王长林. 做"双师型"教师更需要做"双能型"教师[J]. 包头职业技术学院学报，2009（4）：53-55.

[59] 薛金水，劳汉生. 浅析现代学徒制中企业师傅深度参与的制约因素和保障措施[J]. 科技经济市场，2016（1）：117-118.

[60] 郁桂珍. 现代学徒制背景下"现代师傅"队伍建设的实践与思考[J]. 江苏教育研究，2015（6）：21-23.

[61] 郭全洲，谭立群. 中国特色现代学徒制基本框架及运行机制研究[J]. 河北师范大学学报：教育科学，2014（6）：123-127.

[62] 刘月. 基于校企合作的现代学徒制人才培养模式研究[J]. 船舶职业

教育，2015（4）．

[63] 于云霞，蒋海霞．新形势下企校合作培养人才模式探索[J]．中小企业管理与科技（下旬刊），2012，4（10）：233-234．

[64] 崔发周．"双师型"教师的基本特征与认证标准[J]．南方职业教育学刊，2011（2）：86-90．

[65] 张振伟．基于"现代学徒制"视角的 高技能人才培养模式探究[J]．成人教育，2015（10）：58-60．

[66] 花鸥，曾庆琪．关于中国特色现代学徒制建设的几点思考[J]．江苏经贸职业技术学院学报，2015（6）：80-83．

[67] 张宗辉．企业新型学徒制的三大亮点[J]．中国培训，2015（10）：55．

[68] 李长安．企业新型学徒制有助于破解"技工荒"难题[J]．深圳特区报，2015．

[69] 夏旭，潘长珍．"现代学徒制"的人才培养模式研究[J]．湖南工业职业技术学院学报，2014（5）．

[70] 章文．基于传统"工匠精神"的高校艺术人才培养模式研究[J]．艺术设计研究，2015（3）．

[71] 刘媛媛，匡瑛．中国现代学徒制的实践与反思[J]．江苏教育，2013（10）：22-25．

[72] 颜磊，唐天艳，陈明昆．现代学徒制研究的回顾与反思[J]．教育与职业，2015（12）：10-13．

[73] 陈昌辉，刘蜀．工匠精神——中国制造在呼唤，职业教育应担当[J]．职业，2015（20）：14-15．

[74] 白云水．中国职业教育推行"学徒制"：明确学生学徒双重身份[EB/OL]．http：//www.chinanews.com/edu/2014/12-12/6873192.shtml．

[75] 瞿玉杰．试行现代学制 制度保障需先行[EB/OL]．http：//www.zgswcn.com/2015/0827/654575.shtml．

[76] 李奕．教育改革，"供给侧"是关键[EB/OL]．http：//edu.people.com.cn/n1/2016/0114/c1006-28049972.html．

[77] 教育部．高等教育学历学位常识问答[EB/OL]．http：//yz.chsi.com.cn/kyzx/bkzn/200605/20060512/477512.html．

[78] 龚雯，许志峰，王柯．七问供给侧结构性改革[EB/OL]．http：//politics.people.com.cn/n1/2016/0104/c1001-28006577.html．

[79] 人力资源和社会保障厅,财政部办公厅. 关于开展企业新型学徒制试点工作的通知[Z].2015. http://edu.people.com.cn/n1/2016/0114/c1006-28049972.html.

[80] 余贤红,陈剑."双创"时代呼唤工匠精神[EB/OL]. http://education.news.cn/2016-03/06/c_1118247286.htm.

[81] 练洪洋. 工匠精神,"中国智造"之魂[EB/OL]. http://news.xinhuanet.com/info/2016-03/06/c_135159588.htm.

[82] 张伟. 现代学徒制铸就职教"工匠精神"[EB/OL]. http://news.sina.com.cn/o/2015-08-26/doc-ifxhcvrn0584464.shtml.

[83] 刘凤敏. 以"工匠精神"补供给侧改革之"钙"[EB/OL]. http://report.hebei.com.cn/system/2016/03/08/016701759.shtml.

[84] 李奕. 教育改革,"供给侧"是关键. [EB/OL]. http://theory.people.com.cn/n1/2016/0114/c40531-28050932.html.

[85] 付庆林. 培育"工匠精神"是供给侧改革的活力之路[EB/OL]. http://media.china.com.cn/cmsp/2016-03-09/658769.html.

[86] 柳友荣. 也应重视高等教育的"供给侧"改革[N]. 中国教育报,2015-12-14(9):1

[87] 邵建东,朱振国. 现代学徒制:促进校企合作的真正纽带[N]. 光明日报,2015,4(15).

[88] 刘春华. 我省5家企业将试点新型学徒制[N]. 四川日报,2015,8(1).

[89] 谭敏. 现代学徒制回归视野[N]. 广州日报,2015(7).

[90] 张喆. 李克强:推行学历职业"双证书"制度[Z]. 新京报,2014.

[91] 教育部,国家发展改革委,财政部. 关于引导部分地方普通本科高校向应用型转型的指导意见[Z]. 教育部、国家发展改革委、财政部,2015.

[92] 侯宝中. 培养"工匠精神"从"娃娃"抓起要从"制造大国"走向"制造强国",中国还有相当长的一段路要走.